ESTRATÉGIAS de ENSINO 67

Maria do Socorro Alencar Nunes Macedo
organizadora

A função da literatura na escola

resistência, mediação e formação leitora

parábola

Direção: ANDRÉIA CUSTÓDIO
Capa e diagramação: TELMA CUSTÓDIO
Revisão: KAYA ADU PEREIRA

CIP-BRASIL. CATALOGAÇÃO NA FONTE
SINDICATO NACIONAL DOS EDITORES DE LIVROS, RJ

L755

A função da literatura na escola : resistência, mediação e formação leitora / organização Maria do Socorro Alencar Nunes Macedo. - 1. ed. - São Paulo : Parábola, 2021.
112 p. ; 23 cm. (Estratégias de ensino)

Inclui bibliografia e índice
ISBN 978-85-7934-231-8

1. Educação. 2. Educação na literatura. 3. Escolas - Literatura. 4. Professores - Formação. 5. Leitura - Estudo e ensino. I. Macedo, Maria do Socorro Alencar Nunes. II. Série.

21-72506 CDD: 370
CDU: 37.026:087.5

Leandra Felix da Cruz Candido - Bibliotecária - CRB-7/6135

Direitos reservados à
PARÁBOLA EDITORIAL
Rua Dr. Mário Vicente, 394 - Ipiranga
04270-000 São Paulo, SP
[11] 5061-9262
www.parabolaeditorial.com.br
parabola@parabolaeditorial.com.br

ISBN: 978-85-7934-231-8 [papel]
978-85-7934-232-5 [digital]

1ª edição, 3ª reimpressão: agosto de 2025

Sumário

Prefácio

Ensinar é preciso — resistir também

1. A escola toma partido

Não é de hoje que a literatura faz parte do currículo escolar. Sua presença é registrada entre os sumérios, povo que ocupou e colonizou a região da Mesopotâmia há mais de 5.000 anos. Os sumérios dispunham de instituições encarregadas de transmitir a crianças e jovens a tradição em verso e prosa constituída por hinos e narrativas. Para eles, o ensino da matéria verbal que, com o tempo, toma o nome, primeiro, de poesia e, depois, de literatura tinha intuitos religiosos. O ensino de literatura se tornará laico só bem mais tarde, em outro local — a saber, na Atenas do século V a. C., onde assumiu finalidade igualmente pragmática, pois estava voltado para a aprendizagem da gramática e da retórica, visando o adestramento de oradores para a vida pública.

Em seu longo percurso no decorrer da história do Ocidente, o pacto da literatura com a escola foi gerenciado, a cada época, por senhores diversos — religiosos, políticos, pedagogos —, todos, por sua vez, vinculados ao poder. Quando, a partir dos séculos XVIII e XIX, se decidiu que o letramento deveria atingir todas as camadas da população, mesmo as mais pobres ou rurais, vinculadas mais fortemente à cultura oral, o que estava em jogo era menos a universalização da educação e mais a preparação de um público consumidor para as novas formas de comunicação em expansão — entre as mais notórias, o jornal, a revista, o livro —, com o bônus de habilitar as pessoas destinadas aos novos lugares de trabalho oferecidos pela ascendente revolução industrial a receberem instruções por escrito, o que dará margem à emergência de uma classe social: a dos proletários.

Nem sempre a alfabetização e o conhecimento da literatura caminharam juntos. A escola ajustou-se às repartições da sociedade, oferecendo produtos distintos para camadas sociais distintas: letramento para todos; literatura elevada para poucos, preferencialmente os de sexo masculino e procedentes dos grupos no poder. A esses poucos não era apresentada toda a literatura, só a parte que poderia agradá-los: clássicos já domesticados por décadas, séculos de difusão em catálogos, dicionários ou histórias da literatura; novos ou modernos que se referissem às suas proezas, como, no caso da literatura brasileira, os romances históricos (e indianistas) de nossos românticos que celebram as conquistas e feitos dos portugueses colonizadores, omitindo tanto o genocídio indígena quanto a escravização de africanos.

Nenhum desses protagonistas, porém, é imóvel ou acomodado: a sociedade se transforma, a escola se renova, a literatura transgride. O resultado é que o pacto precisa ser reformulado na direção ou de sua afirmação retroativa, ou de sua metamorfose revolucionária.

É diante dessas alternativas que os ensaios de *A função da literatura na escola: resistência, mediação e formação leitora* se posicionam.

2. Qual partido?

Os ensaios deste livro pressupõem que uma reflexão sobre o ensino da literatura e a formação do leitor deve vir acompanhada da análise dos rumos da sociedade brasileira, examinada em contexto abrangente, vale dizer, internacional. Assim, partem do reconhecimento de que a expansão desenfreada do capitalismo determinou a agudização das desigualdades sociais, em decorrência das diferenças econômicas que opõem nações ricas a pobres e que, no interior delas, distanciam cada vez mais a elite — financeira e política — das camadas assalariadas.

No Brasil, a organização educacional reitera a segmentação, pois o ensino — idealmente, público e gratuito — direcionado às classes populares é deficitário em todos os níveis: a infraestrutura física (salas de aula, bibliotecas, instalações sanitárias etc.) é precária e insuficiente, as pessoas responsáveis pela docência são mal remuneradas, alunos e alunas não são assistidos de modo satisfatório. Ao descaso dos grupos dominantes e do Estado soma-se o desinteresse dos usuários do sistema público, pois suas demandas raramente são atendidas, resultando em um círculo vicioso de difícil superação. De outra parte, prolifera o ensino privado, calcado no lucro e nos frutos imediatos, espelhados nos resultados em provas nacionais como o ENEM e outros vestibulares. À nossa organização educacional pode-se aplicar uma definição que Louis Althusser formulou em seu renomado estudo sobre os "aparelhos ideológicos do Estado" capitalista: ela é reprodutora na medida em que veicula e reforça os valores da classe prevalente; e ainda, no caso brasileiro, é reprodutora também porque reflete a estrutura extremamente desigual de nossa sociedade.

Essa descrição, porém, dá conta de apenas um dos lados da questão, porque a sociedade é uma entidade dinâmica, contraditória e provocadora. Se, de uma parte, desequilíbrios sociais e insuficiência de serviços (educação, saúde, segurança, mobilidade urbana) convêm aos grupos no poder, pois acarretam, por tabela, maior lucratividade (escolas particulares, planos privados de saúde e de segurança, propriedade individual de meios de transporte), seus usuários podem ou não aceitar esse jogo, reivindicando mudanças ou organizando-se em modos de resistência.

Não por outra razão, "resistência" é palavra-chave neste livro, que reúne os ensaios das professoras e pesquisadoras Ana Elisa Ribeiro, Ester Calland de Sousa Rosa, Maria Amélia Dalvi, Maria do Socorro

Alencar Nunes Macedo e Patrícia Corsino. É também palavra de ordem, pois é em nome da luta pela literatura na sala de aula e na vida escolar que o livro se organiza. A resistência é o ponto de partida da militância; e esta, por sua vez, tem um foco humanista, na medida em que se orienta a pessoas atuando no âmbito do ensino.

A parceira principal desta militância é a literatura. Vale especificar que literatura é essa. Em primeiro lugar, a literatura transgressiva: aquela que, como a sociedade e a educação, mudou especialmente nas últimas décadas do século XX e primeiras do século XXI. Logo, trata-se de uma literatura que não se acomoda a propósitos ou intenções de fora do campo da cultura e da arte; não almeja doutrinar; não se pauta pela obediência nem pelo conformismo. Por sua vez, uma literatura que pode provir de segmentos pouco habituados ao fazer artístico convencional e dirigir-se a diferentes grupos de consumidores, exemplificados por crianças e jovens — no caso da produção destinada à infância e à juventude, clientela principal das escolas. Como também pode proceder de comunidades suburbanas ou distantes dos polos geográficos das grandes cidades e se destinar a esses contingentes tão marginalizados do cânone literário nacional.

Ressalte-se a importância dessa parceria até então inusitada na tradição brasileira porque ela determina um diálogo até recentemente pouco praticado entre nós. Ele supõe primeiramente a valorização do repertório de grupos humanos cuja cultura foi julgada irrelevante para o aparelho escolar e, como tal, ignorada, esquecida ou apagada. É a partir desse repertório que se forma a linguagem e a performance não apenas dos estudantes, mas também dos docentes. Assim, não é que alunos e alunas, professores e professoras não leiam ou repudiem produtos da escrita. É que eles carregam consigo um acervo contabilizado como marginal, folclórico, baixo ou inferior, vale dizer, não alinhado ao saber dito elevado. Os currículos escolares, os programas das provas de concurso ou de outros mecanismos de inserção no mercado de trabalho, por exemplo, desconsideram esse repertório de conhecimento.

A atividade pedagógica nasce da possibilidade de encontro desses dois universos na forma de uma interlocução entre o aporte dos discentes e dos docentes, de um lado, e as necessidades de aprendizagem impostas pelos instrumentos de seleção e valorização eleitos pelo modelo social vigente, de outro. É quando se esclarece a ação do mediador, o intermediário que aproximará campos distintos e até opostos, mas não impermeáveis à interação e ao mútuo entendimento.

Todas as pessoas envolvidas no ato de educar são mediadoras, pois cabe a elas avizinhar mundos diversos — separados por suas especialidades e faixas etárias, eventualmente por suas etnias, gêneros, origem e posição social — em espaços menos ou mais públicos — salas de aulas, bibliotecas, laboratórios, quadras esportivas etc. Ao fazê-lo, as pessoas envolvidas aprendem e ensinam. E, o que é mais importante, ao compartilharem experiências, elas constroem alianças.

Esse processo pode ser chamado de "formação de leitores", se a literatura for escolhida como norte. Pode também ser qualificado "de resistência", se significa oposição a qualquer modo de opressão, por exemplo, a censura ou o silenciamento. Mas é sempre educação, naquilo que ela tem de melhor.

É o que revela, com propriedade, o conjunto de ensaios que compõem *A função da literatura na escola: resistência, mediação e formação leitora*.

Regina Zilberman

Apresentação

As ideias defendidas nesta obra foram, primeiramente, discutidas com pesquisadores da pós-graduação, da graduação e professores da educação básica de diferentes estados e regiões do país no II Ciclo de Debates do GPEALE/UFSJ, que teve como foco questões atinentes à literatura na escola. O pressuposto é que a literatura pode contribuir para a formação de leitores mais conscientes sobre a realidade em que estão inseridos, construindo estratégias de resistência aos processos sociais de exclusão e de acirramento da desigualdade social. Sendo a literatura um direito inalienável, torna-se fundamental ampliar a discussão sobre os processos de escolarização desse objeto cultural, suas formas de mediação e os desafios enfrentados pelos docentes para educar crianças e jovens por meio da linguagem literária. Se "todo texto é uma máquina preguiçosa pedindo ao leitor que faça uma parte de seu trabalho", como nos ensina Umberto Eco (1994: 9), perguntamo-nos:

- a escola tem ou não contribuído para que o leitor faça a sua parte?
- como a literatura tem circulado na escola?
- qual literatura circula nesse espaço?
- que valores permeiam as práticas de leitura literária?
- quais os limites impostos pela cultura escolar na disponibilidade, acesso e apropriação de textos literários?

Essas e outras questões são objeto de reflexão das autoras nos cinco capítulos que compõem o livro.

No capítulo 1, Educação, literatura e resistência, Maria Amélia Dalvi apresenta dados atinentes à conjuntura socioeconômica e geopolítica brasileira, relacionando-os com o campo educacional e problematizando como a educação literária pode ou não participar de um movimento organizado de resistência contra o desmonte não apenas no campo cultural, mas principalmente no campo político, com desdobramentos para a vida e para a experiência cotidiana das pessoas, especialmente a partir do Golpe de 2016.

No capítulo 2, Literatura, mediação literária e formação docente: questões para o debate, Maria do Socorro Alencar Nunes Macedo discute a formação do leitor de textos literários, especialmente o professor da educação básica, e os processos de mediação implicados. Assim como o capítulo 1, ela apresenta alguns condicionantes econômicos, sociais e políticos que incidem sobre a formação do leitor no Brasil e reflete sobre uma prática de educação literária alternativa com jovens de uma escola pública.

No capítulo 3, A biblioteca como uma instância de formação de leitores, Ester Calland de Sousa Rosa discute o papel das bibliotecas na formação de leitores, refletindo sobre as condições básicas para que a biblioteca se constitua numa instância formadora de leitores, com o foco nas mediações e nos mediadores que atuam naqueles dispositivos culturais. São apresentados aqui resultados de duas pesquisas — uma que abordou a atuação de professores em bibliotecas escolares e, outra, a mediação de leitura em bibliotecas comunitárias.

No capítulo 4, O livro, a leitura, o(a) escritor(a) e a escola: cenas e polêmicas contemporâneas da leitura literária, Ana Elisa Ribeiro apresenta uma reflexão sobre o que é a literatura, porque ela resiste ao tempo e às práticas de silenciamento, especialmente quando incomoda, quando espanta e problematiza os processos de interdição de textos literários pela escola, a partir de casos concretos ocorridos nesses últimos anos e que ganharam publicidade na grande mídia.

No capítulo 5, Infância e literatura nas urdiduras de palavras e imagens, Patrícia Corsino apresenta indagações sobre a relação entre infância e literatura, entre elas: *O que a infância ter a ver com a literatura e o que a literatura tem a ver com a infância? Como infância e literatura se relacionam? O que as crianças fazem com a literatura e o que a literatura faz com elas?* O pressuposto é que, justamente nesse jogo lúdico-simbólico, uma ecoa na outra. Um jogo no qual a palavra tem franjas, se abre às várias leituras, pelas quais as crianças se deixam levar nos intervalos abertos pela circulação entre elas.

Com esta obra, esperamos contribuir para uma compreensão mais aprofundada da presença na literatura na escola, dos processos de mediação aí implicados, indicando perspectivas pedagógicas mais adequadas ao trabalho com a literatura na educação formal.

Referências

ECO, Umberto. *Seis passeios pelo bosque da ficção*. São Paulo: Companhia das Letras, 1994.

Educação, literatura e resistência

Maria Amélia Dalvi

porto alegre, 2016
quando você viu na tv
aquelas pessoas em fila na chuva
à noite numa estrada
na fronteira de um país que não as deseja
e quando você viu as bombas
caírem sobre cidades distantes
com aquelas casas e ruas
tão sujas e tão diferentes
e quando você viu a polícia
na praça do país estrangeiro
partir para cima de manifestantes
com bombas de gás lacrimogêneo
não pensou duas vezes
nem trocou o canal
e foi pegar comida
na geladeira
não reparou o que vinha
que era só uma questão de tempo
não interpretou como sinal a notícia
não precisou estocar mantimentos
agora a colher cai da boca
e o barulho de bomba é ali fora
e a polícia pra cima dos teus afetos
munida de espadas, sobre cavalos
ANGÉLICA FREITAS

1. Considerações iniciais

A produção deste texto se dá no contexto brasileiro subsequente ao evento histórico que ficou conhecido na literatura especializada como o "Golpe de 2016" (Galvão; Zaidan; Salgueiro, 2019; Miguel, 2019; Jinkings; Dória; Cleto, 2016; Proner *et al.*, 2016); o "clima" parece sintonizado ao poema de Angélica Freitas em epígrafe. O tema central a que nos dedicamos — a articulação entre educação, literatura e resistência —, encomendado pela organização da obra, vem recortado por uma lógica analítica diferente da simples reiteração da importância da educação literária, das práticas culturais atinentes ao campo e da resistência de intelectuais (entre os quais nós, professores) e artistas ao estado geral de coisas.

Considerando que o contexto continua sendo de disputa em torno de diferentes projetos societários, há a necessidade de (re)politizar nossa atuação profissional, visto que

> a politização implica na unificação da consciência teórica e prática (...). [O processo de despolitização] transforma a grande política em uma pequena política e reveste o pensamento político de significantes confusos, vazios ou deturpados do senso comum. A despolitização desencaminha as pessoas de se tornarem sujeitos e criarem a realidade coletivamente e por suas próprias mãos (Fernandes, 2019: 25).

Para cumprir o objetivo central de politizar a reflexão especializada sobre educação, literatura e resistência, unificando consciência teórica e prática, apresentamos dados atinentes à conjuntura socioeconômica e geopolítica brasileira no contexto imediatamente anterior e posterior ao Golpe de 2016, correlacionando-os com o campo educacional. Em seguida, discutimos como a educação literária pode ou não participar de um movimento intencional e esclarecido *contra* o desmonte nos campos cultural-artístico e político, com seus rebatimentos e desdobramentos na vida e na experiência das pessoas. Nas palavras de Jaime Ginzburg (2007: 329; 334):

> A resistência política inclui o debate de categorias de pensamento. Se os regimes autoritários podem cooptar intelectuais e artistas para consolidar estratégias de legitimação e dominação, o pensamento de resistência deve entrar em um confronto de conceitos, elaborar con-

> ceitos não apropriáveis pelo mal. Imagens, palavras, cifras, senhas que sejam capazes de sustentar uma oposição rigorosa.
>
> Pois o fascismo tem se renovado no passado recente, e no presente, em diversos modos de atuação (...). A extensão da violência contemporânea provoca o meio intelectual, e ainda não estamos suficientemente preparados para lidar com ela, nem com seus contatos com a produção cultural, a literatura, o cinema, as artes.

Tomamos como ponto de partida o seguinte conjunto de pressupostos, que já expusemos parcialmente em Dalvi (2018), a saber:

(1) face a um sistema global, não é possível analisar a conjuntura atual apenas de uma perspectiva nacional;

(2) não é possível desentranhar a educação das relações econômicas, sociais, políticas e culturais amplas;

(3) para entender o que se passa e agir propositivamente, precisaremos de espanto, indignação e revolta, mas isso não basta e nem bastará; e

(4) precisaremos, desde nosso lugar no mundo, retomar a noção de "intelectual como aquele que coloca questões inconvenientes na praça pública", propondo "ferramentas conceituais que permitam compreender e intervir na realidade" (Dalvi, 2015: 153).

Tais pressupostos são estabelecidos porque — embora já soubéssemos que os ricos e super-ricos, via de regra, defendem um sistema de desigualdade onde a maior parte da população sequer tem pleno acesso aos direitos mais fundamentais (educação, saúde, moradia, segurança etc.) e agem no plano internacional para manter sua posição de privilégios — ficou escancarado para nós, brasileiros, que uma rede de interesses e relações a nível mundial forjou condições para que houvesse em nosso país um "golpe parlamentar, jurídico e midiático" (Guerra *et al.*, 2017: 158).

Tal movimento político não teria condições de se efetivar sem estar lastreado na combinação de ultraliberalismo com ultrarreacionarismo — termos que Daniel Cara (2019: 27) conceitua, respectivamente, como:

> Ideologia política pautada na radicalização da agenda liberal, com drástica redução do papel do Estado[1], inviabilizando direitos sociais sem qualquer comedimento em relação às condições de vida do povo. É um freio à democracia social e não deixa de ser uma cosmologia econômica;
> [...]
> Ideologia política pautada na negação da ciência, no retrocesso social e no questionamento de direitos civis e políticos de supostas minorias sociológicas. É uma cosmologia moralizante, normalmente vinculada ao fundamentalismo cristão, ainda que negue os princípios teológicos do próprio cristianismo. Busca frear a democracia, afirmando uma agenda classista, racista, machista, homofóbica, misógina e oposta à laicidade do Estado.

Tanto o ultraliberalismo quanto o ultrarreacionarismo estão em rota de colisão com as concepções de educação e literatura que defendemos aqui — e que serão retomadas e esclarecidas mais adiante.

Para Wanderley Guilherme dos Santos (2017), por exemplo, há uma relação conflituosa entre o desenvolvimento do capitalismo e a democracia de massas; assim, diante do conflito entre preservação dos lucros e a manutenção dos canais de participação e pressão popular sobre o Estado, golpes — no caso brasileiro mais recente, um golpe que, conforme a bibliografia especializada, prescindiu do uso de força física — visam à redução drástica de políticas públicas de interesse da maioria da população (justamente a que não se locupleta de benesses face à concentração de renda). Isso explica a face ultraliberal do processo.

Mais recuado no tempo, Octavio Ianni (2019 [1981]), em obra clássica, demonstra como a grande burguesia financeira (nacional

[1] É importante antecipar, aqui, que a redução do papel do Estado refere-se à sua redução em relação ao tratamento supostamente igualitário entre cidadãos, ou seja, em relação a seu papel como "moderador" das diferenças socioeconômicas entre classes com interesses antagônicos. No ultraliberalismo, o Estado, sob a bandeira de "desestatização" ou de "redução da máquina pública", continua muito ativo, porém toma explicitamente defesa dos interesses da elite, por exemplo, privatizando empresas públicas que fornecem bens e serviços básicos e que são lucrativas, convertendo parte do orçamento público que visaria a garantir direitos básicos (educação, saúde, segurança) para a manutenção de um sistema em que banqueiros, rentistas e especuladores têm suas expectativas de ganho asseguradas etc. Ou seja, a "drástica redução do papel do Estado", mais precisamente, talvez seja uma "drástica reorientação do papel do Estado". Alguns desses elementos serão retomados nos parágrafos seguintes.

e estrangeira), por meio da ditadura civil-militar brasileira (1964--1985), induziu o aparelho estatal a agir segundo as exigências do desenvolvimento do capital monopolista e do rentismo, apostando, para legitimar a supressão de direitos civis elementares, em um recrudescimento de pautas consignadas mais acima sob a rubrica de ultrarreacionarismo. Esta análise de Ianni (2019 [1981]) é bastante próxima da que faz Malard (2006: 33), em importante texto de resgate memorialístico da ditadura civil-militar:

> [A] repressão moralista e cultural tornou-se uma das diretrizes ideológicas para a construção de um país livre e engrandecido, sob todos os aspectos. Os militares pretendiam refazer uma nação que escapara por pouco de tornar-se "comunista", pois Goulart pregava a justiça social através das chamadas reformas de base.

Essa estratégia mostra-se, como veremos, rediviva na atualidade.

Antes de alguém supor que essas duas faces — ultraliberalismo e ultrarreacionarismo — não dizem respeito diretamente às relações entre educação e literatura, é necessário atentar a fatos recentes que desmentem tal suposição. De um lado, temos: o desmonte do Programa Nacional da Biblioteca na Escola[2] e sua incorporação a um programa de aquisição e distribuição de livros *didáticos*; o esvaziamento, os cortes ou o encerramento de projetos importantes de formação de professores de literatura em todos os segmentos educacionais (por exemplo, o Programa Institucional de Bolsas de Iniciação à Docência[3], o Pacto Nacional pela Alfabetização na Idade Certa[4] e o Mestrado Profissional de Letras[5] em rede); além, é claro, do gravíssimo rebaixamento do Ministério da Cultura a uma secretaria de outro ministério[6]. De outro lado, temos a manifestação evidente da dimensão ultrarreacionária tanto no crescente número de "escân-

[2] Fonte: https://cutt.ly/8jI2th3. Cada Localizador Padrão de Recursos (URL) referido neste livro respondia satisfatoriamente em 6 de setembro de 2021.
[3] Fonte: https://cutt.ly/GjI2oDU.
[4] Fonte: https://cutt.ly/zjI2aI5.
[5] Fonte: https://cutt.ly/njI2fif.
[6] Fonte: https://cutt.ly/zjI2gSA.

dalos" envolvendo a adoção de obras literárias infantis por escolas e redes de educação (Dalvi, 2019a: 135-159), quanto nas tentativas de censura a feiras literárias e/ou exposições e exibições artísticas que, eventualmente, poderiam ser frequentadas por crianças[7].

Os desdobramentos do contexto atual, delineado linhas acima, incluem: a entrega de riquezas nacionais a multinacionais e seus acionistas, por meio de privatizações e concessões[8]; a redução dos direitos dos trabalhadores e o enfraquecimento de sua capacidade organizativa como condição para o aumento, por meio de reformas trabalhistas, da margem de lucro do grande empresariado (Krein, 2018); a garantia de remuneração ao capital de grandes rentistas, por meio da reforma da previdência, com amplo apoio midiático (Castro; Nascimento; Santos, 2018; Moraes, 2019); o desmantelamento de possibilidades emancipatórias universalizadas a todos os cidadãos, por meio do avanço de agendas como o "empresariamento" da educação, o esvaziamento ou estandardização de currículos, a expansão dos testes padronizados, o crescente reacionarismo e anticientificismo no campo educacional, as tentativas de implantação do projeto "Escola sem Partido" e de legalização do *homeschooling,* a censura prévia à arte e à cultura (Ravith, 2011; Cunha, 2016; Gadotti, 2016; Frigotto, 2017; Freitas, 2018; Gomes, 2018; Brito, 2019; Cássio, 2019; Machado, 2019; Paz, 2019); e, enfim, o ataque contra os mecanismos democráticos, mesmo aqueles de cariz burguês/liberal [independência entre poderes, liberdade de imprensa, laicidade do Estado, organização da sociedade civil etc. (Abdalla, 2017; Barreira, 2019; Domingues, 2019; Pereira, 2019)].

Por isso, as questões atinentes à educação, à literatura e à resistência não podem ser pensadas numa "bolha", como uma realidade à parte desta conjuntura. Passemos, pois, aos dados sobre a realidade socioeconômica, pensados em sua correlação com a educação.

---

7 Fonte: https://cutt.ly/5jI2j9R.

8 Segundo reportagem do portal de notícias G1, a soma dos projetos de privatizações e concessões iniciados nos governos Michel Temer e Jair Bolsonaro totaliza 119 ativos públicos a serem oferecidos em leilão à iniciativa privada. Fonte: https://cutt.ly/njI2lcx.

2. Realidade socioeconômica mundial e educação

Quando consideramos dados sobre a riqueza mundial e o PIB (Produto Interno Bruto) *per capita*, o que temos é o seguinte:

Figura 1
Fonte: Opera Mundi. Disponível em: https://cutt.ly/wnoVKgZ.

Já quando correlacionamos riqueza e tempo de escolarização (em anos), vislumbramos o seguinte:

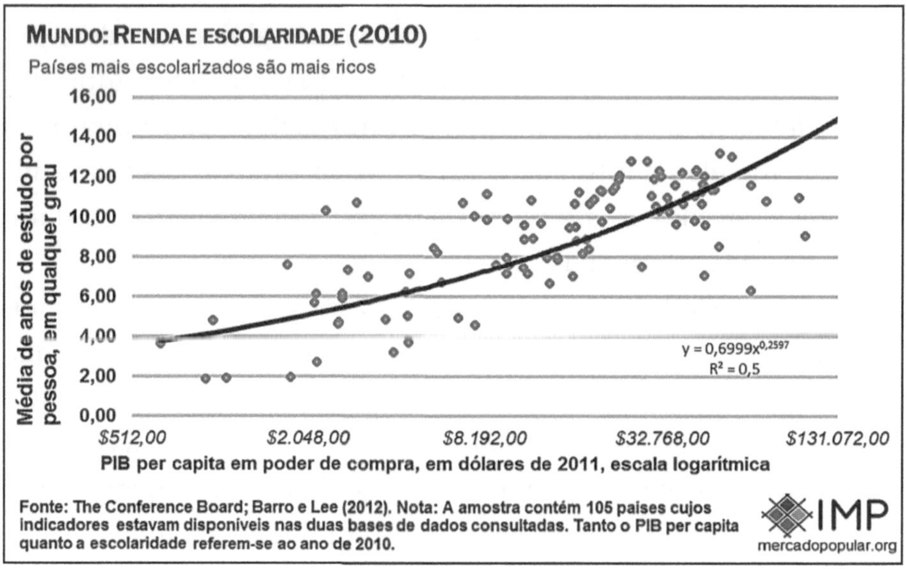

Figura 2
Fonte: Instituto Mercado Popular. Disponível em: https://cutt.ly/Tjl2coS.

Os países com maior PIB *per capita*, quase sem exceção, são aqueles do hemisfério Norte, os colonizadores; em contrapartida, os países com menor PIB *per capita* são, majoritariamente, aqueles vitimados pelo processo colonial. Além disso, os países mais favorecidos na distribuição da riqueza mundial são aqueles cujos cidadãos permanecem na escola por mais tempo, ou seja, quanto mais pobres os países e quanto mais alijados das oportunidades socioeconômicas os seus cidadãos, mais a educação será, também, fator de distinção interna — em vez de um direito, a educação passa, na prática, a funcionar como um privilégio.

Para pensar o efeito disso no Brasil, é importante lembrar que, segundo a projeção de economistas progressistas, a desigualdade e concentração de renda em nosso país é ainda pior do que na média mundial: se, no mundo, 1% da população detém 50% da riqueza, no Brasil, 0,2% da população detém 40% da riqueza. Não é de estranhar, portanto, que no último indicador da Organização das Nações Unidas para a Educação, a Ciência e a Cultura (Unesco) para oportunidades educacionais[9] — também conhecido como *ranking* do monitoramento global da educação —, o Brasil apareça na 76ª posição. Embora tenhamos muitas objeções à lógica da avaliação externa internacional, à comparação entre realidades muito distintas, à tradução dos processos educacionais em números e ao espírito de "ranqueamento", o dado não deixa de ser um alerta.

No mesmo indicador supracitado, a Noruega aparece em primeiro lugar geral. Não é de espantar que, em 2010, o país nórdico tenha investido 8,8% do seu PIB na educação, enquanto o Brasil investiu aproximadamente metade disso. Uma importante vitória na direção de maior investimento público em educação e, consequentemente, na melhoria de sua infraestrutura fora dado com a destinação

[9] Fonte da informação: https://cutt.ly/JjI2TGx.

por lei de 75% dos recursos do pré-sal brasileiro para a educação (os outros 25% iriam para a saúde). No entanto, após o Golpe de 2016, como sabemos, essa lei sancionada pela ex-presidenta Dilma Rousseff foi vencida por uma lógica diferente e tal aporte de recursos não aconteceu.

Segundo dados produzidos pelo Centro de Políticas Sociais da Fundação Getúlio Vargas, a partir de microdados do Instituto Brasileiro de Geografia e Estatística (IBGE), houve, entre 2003 e 2014 (coincidentemente, os anos de governo do Partido dos Trabalhadores), uma forte mobilidade social, chamada — a meu ver, impropriamente — de "evolução das classes econômicas". Em 2003, havia 13,3 milhões de pessoas nas classes A e B, 65,9 milhões de pessoas na classe C e 96,2 milhões nas classes D e E. Por sua vez, em 2014, havia 29,1 milhões nas classes A e B, 118 milhões na classe C e 48,9 milhões nas classes D e E. Ou seja: o número de sujeitos na classe média aumentou substancialmente e o número dos que estavam nas classes mais pobres foi reduzido.

Contudo, em 2016, novamente com base em dados do IBGE, as classes A e B correspondiam a 16,6%, a classe C a 27% e as classes D e E a 56,4% da população. Ou seja: mesmo com a mobilidade dos últimos anos, os mais pobres — aqueles cuja renda familiar, no momento de produção dos dados, não ultrapassa R$ 2.166,00 mensais — são a maioria da população.

Porém, ao olhar os dados do Brasil no geral, as diferenças internas ficam mascaradas. Se o PIB *per capita* do país é de US$ 11.800,00/ano, é preciso levar em conta que, na região Sudeste, o PIB *per capita* é de US$ 15.534,00/ano (o maior do país), enquanto na região Nordeste é de US$ 5.687,00/ano. Enquanto o índice médio de analfabetismo nos estados nordestinos fica entre 10,7% e 21%, nos estados sudestinos fica entre 3,1% e 10,6%. Não à toa, segundo o Programa das Nações Unidas para o Desenvolvimento, o Índice de Desenvolvimento Humano no Nordeste era, em 2013, de 0,660; e no Sudeste, no mesmo ano, era de 0,754. No mapa a seguir, podemos ver como a mobilidade socioeconômica transformou o mapa geral do IDH no país entre 1991 e 2010:

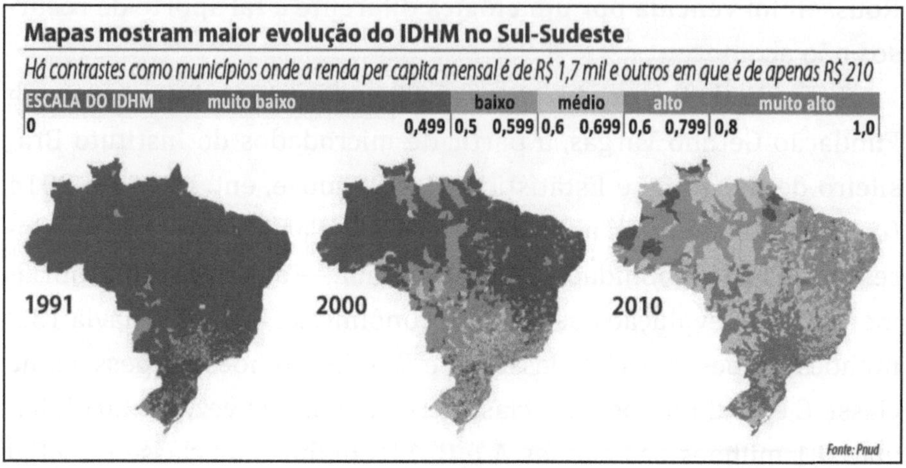

Figura 3

Fonte: Programa das Nações Unidas para o Desenvolvimento, o Índice de Desenvolvimento Humano. Disponível em: https://cutt.ly/njI2CJe.

Diante dos dados expostos, podemos encaminhar um primeiro bloco de problematizações e conclusões.

A primeira constatação inequívoca é que há variabilidade nos critérios e definições de classe. Na classe A, estão as famílias com renda mensal acima de R$ 16.500,00 (incluindo algumas dezenas de novos bilionários brasileiros, após o Golpe de 2016). Portanto, a classificação genérica de classes econômicas em A, B, C, D e E mascara diferenças internas muito substanciais: não é razoável colocar na mesma classe quem tem renda familiar mensal de R$ 16.500,00 e quem é milionário, ou mesmo bilionário.

A segunda é que, apesar de uma importante mobilidade na pirâmide socioeconômica brasileira entre as duas primeiras décadas do século XXI, o fato de haver um modelo de "pirâmide" é, por si só, muito grave. Significa que ascender aos maiores patamares de renda — que se traduzem em melhor qualidade de vida e maior acesso aos direitos fundamentais — é para poucos;

é preciso enfrentar um sistema que confere legitimidade ao fato de 40% da riqueza nacional estarem concentrados nas mãos de 0,2% da população.

A terceira constatação é que, considerando a correlação já demonstrada entre riqueza e renda, qualidade de vida e desenvolvimento humano, é preciso vencer as diferenças existentes entre as regiões Sudeste e Sul, de um lado, e as regiões Norte e Nordeste, de outro — respectivamente, as que têm os melhores e os piores PIB *per capita* e IDH. Isso se explica, entre outros elementos, pela desigualdade histórica na ocupação territorial, pela herança de um modelo colonial de produção com mão de obra quase 100% escrava e por uma economia devotada à exportação, em detrimento do desenvolvimento interno.

Por fim, como dissemos, houve uma mudança na pirâmide socioeconômica que possibilitou uma radical transformação no mapa do IDH no país. Porém, isso não significa que os super-ricos brasileiros (um seleto grupo de famílias e grupos empresariais) estejam abrindo mão de seus privilégios para haver maior justiça/equanimidade social. Principalmente porque, por efeito de distorção em nosso sistema tributário, são os mais pobres os que pagam mais impostos, haja vista nossa tributação se concentrar no consumo de bens e serviços básicos (correspondendo a 51,28% do total arrecadado), e não sobre propriedade (3,93%) e renda (18,1%). Lembremo-nos de que, enquanto no Brasil a alíquota máxima de imposto de renda é de 27,5%, na Suécia, na Alemanha e nos Estados Unidos ela é, respectivamente, de 56,7%, 45% e 39,6%.

Outro dado merece nossa atenção: segundo a edição de agosto de 2015 da revista *Valor Econômico*, com base em dados do Instituto de Pesquisas Econômicas Aplicadas (IpeaData), no período de maior mobilidade da pirâmide socioeconômica na história recente do país, o patrimônio líquido real dos super-ricos — aqui, por convenção, os que ganham mensalmente mais de 160 salários mínimos — cresceu 56% e a renda total subiu 39%. Isso significa que a mobilidade social poderia ter sido muito maior se, pelo menos, o patrimônio e a renda dos super-ricos tivessem estagnado — e nem vamos especular aqui sobre o que poderia ter acontecido com desapropriação ou supertaxação de grandes fortunas.

3. ORÇAMENTO PÚBLICO E REBATIMENTO NAS PRÁTICAS EDUCACIONAIS

Segundo o *Diário Oficial da União*, em 2015, o Ministério da Educação teve um corte orçamentário da ordem de 31%, o que equivale a R$ 7 bilhões de reais. Já em 2017, o corte orçamentário deste ministério foi de R$ 4,3 bilhões de reais. No Orçamento Geral da União de 2017, enviado ao Congresso Nacional, a fatia destinada a juros e amortização da dívida (majoritariamente, remuneração a rentistas e especuladores financeiros) era de 50,66% e a fatia destinada à educação era de 3,26%.

Os efeitos dessas escolhas orçamentárias podem ser vistos nos cortes dos orçamentos das universidades e de seus projetos de pesquisa; na redução ou extinção de programas de formação inicial e continuada de professores; na suspensão de programas públicos para o livro e a leitura; na superlotação de algumas escolas; nas condições insalubres de trabalho de muitos profissionais da educação; na redução da qualidade da merenda e assistência aos alunos; nos cortes em bolsas de permanência para indígenas e populações economicamente vulneráveis; no avanço galopante das terceirizações etc.

Sejamos justos: já antes do Golpe de 2016, a educação saíra perdendo diante dos grandes rentistas e especuladores, e esse dado não mudou de lá para cá. Ao contrário, na última década, houve crescimento exponencial das grandes corporações educacionais e da importância dada pelo Ministério da Educação a institutos privados e organizações não governamentais na condução de políticas educacionais por todo o país. A vulnerabilidade das políticas públicas de educação — tratadas como projetos de governo, e não como projetos de Estado — e a ameaça aos investimentos voltados ao enfrentamento da desigualdade no acesso, permanência e êxito em instituições de educação pública de qualidade atingem sistematicamente os mais pobres.

Noutras palavras, apesar de a educação ser prioridade em quase todos os discursos políticos, de todos os partidos, isso não é o que o orçamento da União evidencia, tampouco o que a experiência social demonstra. O congelamento dos gastos da União durante vinte anos por meio da Emenda Constitucional 95/2016— cuja proposta (a PEC 241/2016) foi votada e posta em prática sem discussão ampla e qualificada com a sociedade civil e ignorando os especialistas em políticas sociais — ameaça seriamente um país jovem e em crescimento demográfico, ainda que em termos percentuais esse crescimento venha se reduzindo. De acordo com um estudo conduzido pela Consultoria de Orçamento e Fiscalização Financeira da Câmara dos Deputados[10], essa mudança retira até R$ 25,5 bilhões por ano da educação. Então, de que "educação" fala cada projeto de sociedade que os diferentes discursos políticos representam? E nós, temos clareza de que "educação" falamos? Temos clareza do projeto de sociedade a que se relaciona a educação que temos defendido e pela qual temos trabalhado?

É preciso não apagar as profundas marcas do processo colonial e da escravidão no Brasil; não é possível apagar as sensíveis diferenças entre países com histórias completamente diferentes. Todavia, é preciso não minimizar o fato de o Brasil não ter se comprometido com a educação de toda a sua população.

É preciso, também, lembrar continuamente que os "saltos" quanti-qualitativos em educação no Brasil foram induzidos funda-

---

[10] Fonte da informação: https://cutt.ly/ojI2M5r.

mentalmente por demandas capitalistas por mão de obra qualificada para o trabalho (nas décadas de 1950 a 1970, industrialização e abertura ao capital estrangeiro; na década de 1990, exigências do Banco Mundial e Fundo Monetário Internacional; dos anos 2000 em diante, ingerências da Organização para a Cooperação e Desenvolvimento Econômico [OCDE]). Por isso, os investimentos/gastos são "racionalizados" na lógica da despesa/lucro, e não sob a perspectiva social, ética, política. A meta é fazer "mais com menos", é maquiar a "contabilidade" educacional. Sabemos, por exemplo, da tentativa de manobra, por parte de algumas redes, ao intentarem incluir o pagamento das pensões de aposentados como se fosse despesa educacional (falseando, assim, o percentual orçamentário de investimento na educação pública); sabemos o quanto os professores são pressionados a evitar reprovações, ainda que seus alunos não tenham atingido patamares mínimos de aprendizagem; e sabemos o quanto o resultado nos testes das avaliações em larga escala é, muitas vezes, fruto de distorções nas práticas educativas, centradas na preparação para testes, e não nos direitos educacionais conectados à perspectiva de uma formação humana plena para a autonomia.

Por tudo isso, segundo dados da OCDE em 2015, mais de 50% dos estudantes brasileiros, aos 15 anos, não atingem sequer o nível básico em ciências e em leitura; em matemática são cerca de 70%.

Por tudo isso, segundo dados de 2014, apenas 88,4% dos jovens de 16 anos frequentam a escola, ou seja, 11,6% estão fora dela.

Por tudo isso, apenas 37,9% no meio rural e 59,7% no meio urbano concluem o ensino médio aos 19 anos.

Por tudo isso, a taxa de analfabetismo é de 11,2% entre os pretos, 11,1% entre os pardos e 5% entre os brancos.

Por tudo isso, apesar de as taxas de frequência escolar não variarem muito entre as populações até os 14 anos de idade, a partir dos 15 anos, as diferenças se destacam: enquanto, entre os brancos, 70,7% dos adolescentes de 15 a 17 anos estão no ensino médio, entre os pretos e pardos, este número cai para 50,5% e 55,3%, respectivamente.

Por tudo isso, no 3º ano do ensino médio, 38% dos brancos, 21% dos pardos e 20,3% dos pretos têm o aprendizado adequado em língua portuguesa; já em matemática, 15,1% dos brancos, 5,8% dos pardos e 4,3% dos pretos têm o aprendizado adequado. O acesso ao ensino médio não tem como contrapartida a garantia de permanência e êxito. Muitas vezes, o jovem abandona a escola por questões socioeconômicas, antes de questões pedagógico-educacionais, também elas importantes.

No que diz respeito ao ensino superior, os dados são igualmente assustadores. Entre 1980 e 2012, o ensino superior público cresceu 27%, enquanto o ensino superior privado cresceu incríveis 73% — boa parte desse crescimento com financiamento público, por meio de incentivos, concessões, isenções, financiamentos e bolsas de estudo parciais ou totais. Segundo dados do Censo MEC produzidos pelo Instituto de Pesquisas Educacionais Anísio Teixeira (INEP), em 2013, as matrículas no ensino superior a distância suplantavam as matrículas no ensino superior presencial em três regiões: Sul, Centro-Oeste e Norte. No Nordeste, houve um "empate técnico"; no Sudeste, o ensino presencial era majoritário. Em relação especificamente a jovens entre 18 e 24 anos, apenas 58,5% deles estão matriculados em algum curso superior.

É preciso dizer: os mais pobres tendem a ter acesso a cursos em instituições privadas de baixa qualidade e, frequentemente, a distância. Segundo cálculos do Instituto Mercado Popular, com base na Pesquisa Nacional de Amostra por Domicílio concluída pelo IBGE em 2013, o jovem com renda familiar *per capita* de até R$ 100,00 tem 0% de chance de estudar em uma universidade pública federal, enquanto o jovem com renda familiar *per capita* de até R$ 20.000,00 tem 40% de chances.

Concluindo esse bloco de informações, seguem agora os dados sobre a distribuição de programas de pós-graduação e centros de pesquisa avançada no país:

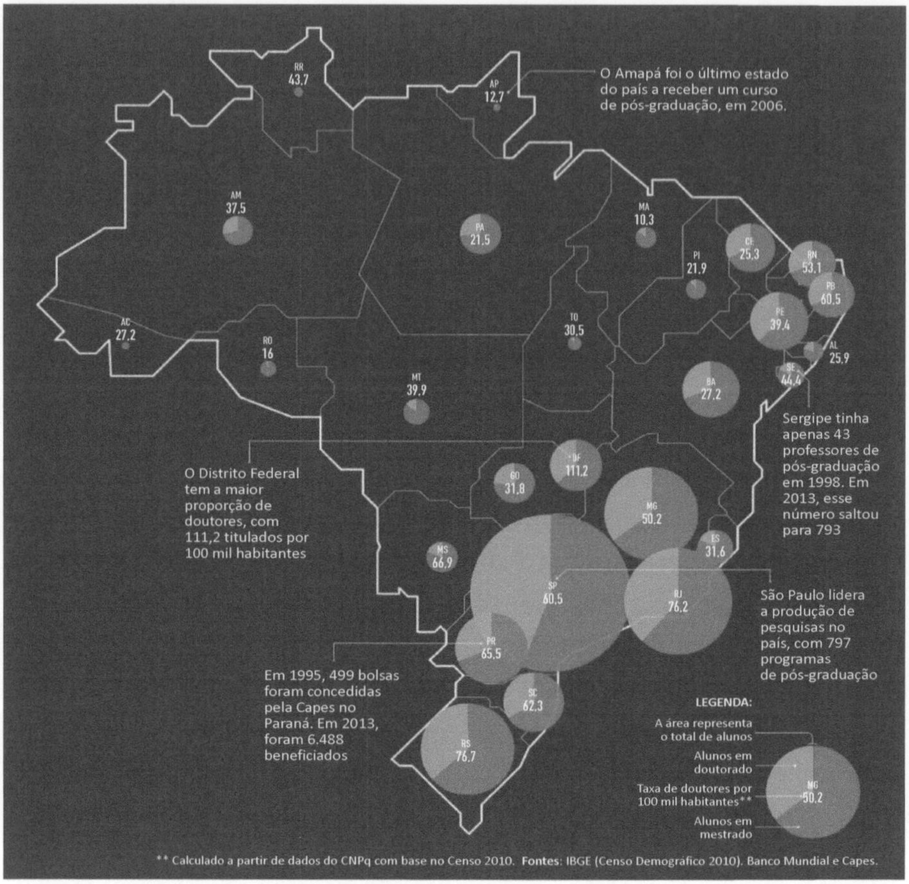

Figura 4: Distribuição dos programas de pós-graduação no país, de acordo com dados do Censo 2010 do CNPq. Disponível em: https://cutt.ly/NjI23JH.

Encaminhando o segundo bloco de problematizações e conclusões parciais, podemos registrar:

(a) a expansão do ensino superior privado delegou a formação de grandes contingentes populacionais a grandes corporações educacionais, que vêm se enriquecendo com dinheiro público (FIES, Prouni etc.);

(b) o acesso aos melhores centros de pesquisa (fundamentalmente, aqueles com programas e cursos de doutorado) é desigual no país, e tal desigualdade acompanha os índices de pobreza e a distribuição do IDH;

(c) há uma fala generalizada de que a população brasileira não se organiza para exigir educação de qualidade... no entanto, a ocupação das escolas públicas pelos estudantes em 2016 e 2017, por exemplo, foi frequentemente tratada com violência e indiferença. De toda maneira, é triste a nossa grande esperança nesse campo ter vindo das ocupações escolares, forjadas por alunos inexperientes politicamente e frágeis conceitualmente.

Por fim, a defesa de educação pública de qualidade desarticulada da luta pela transformação das condições de vida em sentido mais amplo é, a rigor, vã.

4. QUE EDUCAÇÃO LITERÁRIA É POSSÍVEL (E NECESSÁRIA) NESSA CONJUNTURA?

Vou apresentar minhas ideias no tocante a essa pergunta em tópicos. Seria impossível desenvolver aqui cada um deles. Fica, pois, como uma tarefa coletiva de discussão.

- Buscar estar atento e compartilhar informações sobre a situação social, econômica e política do país; diversificar as mídias que acessamos para nos informar (é preciso acessar diferentes grupos, pois diferentes canais dos mesmos grupos não adianta); desenvolver desconfiança e senso crítico diante das informações, checando sempre a procedência e os interesses dos envolvidos na propagação das ideias, valores e ideologias.
- Ter clareza sobre sua própria situação econômico-social (a boa e velha "consciência de classe"); historicizar e contextualizar tudo; olhar sempre na longa e na curta duração; renegar toda compreensão que pareça muito simples e imediata; esforçar-se por pensar dialeticamente.
- Valorizar os estudos especializados e os estudiosos dedicados há décadas aos temas de nosso interesse, assegurando a multiplicidade de instituições e vertentes; assim, formar os sujeitos com solidez e rigor conceitual para que se engajem nos enfrentamentos e lutas (contra o voluntarismo e o amadorismo prepotente).

- Fazer disputa discursiva e não se omitir, entendendo que a versão hegemônica dos fatos é sempre um campo, uma arena de embates; em tais disputas, articular coletivos e movimentos organizados para a compreensão e transformação da realidade.
- Apostar na cultura e na educação como importantes elementos de formação e mudança das "visões de mundo", sem separá-las, contudo, do contexto social, político, econômico; ou seja, resistir — não de modo suicida, mas consciente, consequente, planejada e articuladamente.

Sobre a pergunta quanto à educação literária possível neste contexto, penso ser necessário, antes de apresentar qualquer proposta, reconhecer que é preciso: em primeiro lugar, nos libertarmos da arrogância de supor que as pessoas defendem pautas que tornam a vida humana indigna por serem "burras" ou "desinformadas"; em segundo lugar, entender que há pessoas que se beneficiam da diferença de classes e da posição de privilégio ou prestígio que têm, julgam ou sonham ter; em terceiro lugar, nos libertarmos da noção simplória de que a educação e a literatura automaticamente, como causa e efeito, nos tornarão pessoas melhores, mais humanas e preocupadas com a vida em comum.

Ou seja, uma educação literária e de resistência precisa ter claro qual é o seu projeto de sociedade e quais são as bases epistemológicas e ontológicas a partir das quais compreende o real, para transformá-lo. Precisa exceder a dimensão meramente discursiva e singularizante — e, por isso mesmo, na minha leitura, desmobilizante — que grassou boa parte de nossos investimentos teórico-práticos. Ainda que seja reconfortante para nossos egos nos crermos "boas pessoas", lutando ao lado do "bem", fazendo apenas micropolítica sem maiores consequências efetivas e multidimensionais; ainda que a micropolítica seja necessária, também é preciso fazermos macropolítica.

Uma educação para a resistência entende que produzir uma nova sociedade é um processo que não pode ser pensado na lógica de bravatas nem ser realizado como projeto de governo. Trata-se de um processo necessariamente articulado a uma visão econômica — por extensão, financeira, produtiva etc. —, política, social e cultural, que deve investir na dinâmica da correlação entre articulação social e liberdade/responsabilidade individual e que deve se compreender numa dinâmica de avanços e recuos, de tensões e disputas. É imprescindível ter paciência — histórica e pedagógica.

Adentro, agora, em propostas mais explícitas. Sugiro — para podermos discutir coletivamente, em nossos diferentes contextos de trabalho e atuação — que uma educação literária de resistência precisa assumir a estreita relação entre a literatura e a sociedade. Não é possível continuar supondo que a literatura existe fora de um sistema econômico, político, social e cultural. As obras, os autores, os editoradores, os editores, os críticos, os professores, os mediadores de leitura, os bibliotecários, os consumidores, os jornalistas culturais, os profissionais do marketing literário, os agentes literários, enfim, tudo isso existe numa teia de relações (e escolhas) ideológicas, de apostas em um projeto de sociedade e em um modo de compreender e se relacionar com a alteridade.

Sugiro ser necessário, também, pararmos de justificar a literatura pela literatura ou a educação literária pela educação literária, como se se tratasse de valores autoevidentes e legitimados *per se*. É preciso saber que sujeitos pensamos formar e que sociedade queremos construir a partir de nossas aulas de língua e literatura — e nada disso que estou pontuando perpassa necessariamente um patrulhamento ideológico, nem, muito menos, um panfletarismo rasteiro. Trata-se de reconhecer que a prevalência de um aspecto da realidade se faz ao custo do cerceamento ou apagamento dos outros: o que proponho é um movimento consciente e deliberado de consideração da totalidade.

É preciso termos olhos abertos para os dados factuais de nossa realidade imediata e superarmos urgentemente o idealismo e o individualismo que temos muitas vezes tomado como um valor. Ou seja, temos o compromisso, numa lógica de resistência por meio da educação literária, de reassumir a vocação da arte para a totalidade, para tocar e desenvolver a sensibilidade e a inteligência das pessoas, formando sujeitos que rejeitem esquematismos e respostas fáceis e que não se esquivem de reconhecer e assumir seu papel no movimento da realidade social e em sua transformação. Só assim forjaremos subjetividades fortes, que aceitem estar (inicialmente, e aparentemente) sozinhas e na contramão, como um dos momentos necessários para a criação de movimentos coletivos. Em suma, a educação literária deve deixar de ser aula de "autópsia de cadáveres" (Todorov, 2008) e passar a ser aula de compreensão e transformação da vida.

É preciso que nossas aulas de literatura assumam o risco de ser um espaço de esperança, de aprofundamento crítico na realidade, de identificação entre seres humanos, de construção de redes de solidariedade e de reconhecimento de que podemos ser melhores, coletiva e individualmente, como humanidade. A sofisticação literária de que fomos e somos capazes e a densidade de nossa sensibilidade e compreensão do real indiciada por meio da literatura são provas disso. É preciso, enfim, que, a cada aula de literatura, a cada crônica, poema, livro ilustrado, texto dramático lido, escrito ou analisado conjuntamente, nós nos fortaleçamos. A crescente censura que os textos literários na escola vêm sofrendo nesse país prova que a realidade nefasta que vivemos reconhece o risco que oferecemos. Talvez isso signifique que, de algum modo, ainda nos temem. É preciso avançarmos e ousarmos com criatividade, inventividade e sem medo, com clareza de que para nós só resta uma opção: não aceitar uma vida que não seja digna, para todos e para cada um.

Se não há respostas pedagógicas prontas e fechadas, há, contudo, algo que se possa fazer. De minha parte, complementando aquilo que já propus em Dalvi (2013: 67-98), sugiro:

- Buscar sempre uma sólida formação teórica e metodológica, tanto no campo educacional quanto literário (na correlação entre história, sociedade, economia e cultura) — e aqui retomo a citação de Ginzurg (2007), logo no início deste texto. É imprescindível conseguir tempo para estudar ao menos os clássicos de nosso campo, não só de modo submisso, mas contextualizando-os, refutando-os e, se necessário, reinventando-os (Dalvi, 2018b). É preciso fazer escolhas e apostas conscientes e saber explicar por que damos aula de tal ou qual jeito, passamos tal ou qual exercício, avaliamos de tal ou qual modo e indicamos tais ou quais textos.

- Cultivar clareza a respeito de quem são nossos iguais e contra o que/quem resistimos. Nossos alunos precisam saber e sentir que somos aliados: pertencemos todos, nós professores e eles, à classe trabalhadora. E, ao olharmos para os textos literários, para os conceitos teóricos ou para as atividades propostas em sala de aula, essa "consciência" deve se fazer presente.
- Insistir no lugar de professor, como aquele que ensina, orienta, escolhe, forma — e questionar por que esse lugar específico tem sido tão desqualificado e mesmo negado:

> Sustentar a práxis, evidentemente, exigiria o estudo concentrado, a metarreflexão e o exercício crítico, articulados a um projeto de sociedade e de formação humana no qual a estrutura de uma sociedade dividida em classes com interesses antagônicos precisaria ser pautada... Elaborar tudo isso face ao objeto específico de conhecimento do professor de literatura (a saber, a própria literatura, como atividade humana situada historicamente) requereria condições objetivas de trabalho decentes, que a imensa maioria dos professores não têm.
> Portanto, é muito mais fácil disseminar perspectivas que fazem com que a prática rivalize com a teoria, que deem à prática (na qual a teoria foi subsumida, ocultada, invisibilizada) uma suposta precedência; assim, se transformam os professores em executores de políticas desenhadas por outrem, com interesses que não estejam claramente colocados na mesa e que, portanto, não possam ser compreendidos, problematizados e superados.
> Minhas perguntas aos profissionais atuantes na educação básica e que se dedicam às relações entre literatura e educação são: 1) Quem ganha e quem perde quando a formação de professores de literatura é restrita a um rol de conhecimentos produzidos por outros (críticos, teóricos, historiógrafos da literatura), convertidos em currículo e (portanto) em

> conteúdos escolares a serem ensinados, sem que se possa fazer o caminho de mão dupla?; 2) Quais as implicações quando se transforma o professor da educação básica em um sujeito que só domina um saber técnico (o saber-fazer, a "prática"), quando não se o autoriza como um intelectual que intervém, pela qualidade do desvelamento teórico-prático da realidade, nos rumos sociais?; 3) Quais as consequências do ponto de vista trabalhista quando a formação de professores pode ser reduzida a competências e habilidades listadas de antemão em documentos oficiais produzidos sem um diálogo realmente aberto com os sujeitos da realidade que orientam e/ou normatizam?
>
> O esvaziamento da formação dos professores de literatura tem como fundamento um discurso que separa e opõe prática e teoria e que dá à docência um pragmatismo (por meio do fetiche da "prática" ou do "saber-fazer") que não interessa à transformação de uma sociedade profundamente desigual — ou seja, um pragmatismo que rebaixa os professores a técnicos e que sequer questiona se o modelo de sociedade que a prática docente está reproduzindo interessa ou não aos próprios agentes do processo.
>
> Esse movimento, acima descrito, tem como consequência que as lutas históricas do magistério perdem sua razão de ser; não sendo necessários estudo aprofundado e preparação, adensamento e reflexão (bastando, ao professor, ter bons modelos práticos para copiar, ou materiais instrucionais aos quais seguir...), por que seria necessário advogar por carreira, salários dignos, formação continuada, direito a afastamento remunerado para pós-graduação e mesmo tempo de planejamento compatível com as exigências da sala de aula? (Dalvi, 2020, [s. p.]).

- Compreender, em chave crítica, as políticas públicas que se impõem a nós e os riscos da apropriação de termos historicamente vinculados ao humanismo pela lógica ultraliberal/neoliberal. Um exemplo está no desvirtuamento da compreensão da "criatividade", presente, por exemplo, na atual Base Nacional Comum Curricular (Dalvi, 2019b).
- Conhecer a vida e a realidade dos sujeitos e articular as aulas de literatura a elas (não de modo condescendente!) — isso vai exigir um esforço extra nosso, porque não fomos formados assim.
- Dar precedência às experiências de leitura, escrita, crítica, pesquisa, indagação filosófico/estética, em detrimento de uma re-

lação que prescinda da experiência. Quem vive uma experiência tem o que dizer, o que contar, tem como opinar, se envolve. É papel do(a) docente criar oportunidades para isso.

- Situar histórica e socialmente os textos. As velhas questões: quem, por que, como, com que propósito, de que lugar social, para quem escreveu; e outras derivadas: como e por quem foi publicado, como e por quem foi lido e avaliado etc.
- Incentivar a formação (autônoma) do gosto, com o subsídio de ferramentas conceituais devidamente historicizadas que permitam conscientizá-lo e explicá-lo (repertório da crítica e da historiografia, bem como da famosa metalinguagem especializada):

> [...] as atividades cognitivas superiores guardam sua natureza sócio-histórica e [...] a estrutura da atividade mental — não apenas seu conteúdo específico, mas também as formas gerais básicas de todos os processos cognitivos — muda ao longo do desenvolvimento histórico. [...] [A] consciência é a forma mais elevada de reflexo da realidade: ela não é dada a priori, nem é imutável e passiva, mas sim formada pela atividade e usada pelos homens para orientá-los no ambiente, não apenas adaptando-se a certas condições, mas também reestruturando-se. [...] [As] ações humanas mudam o ambiente de modo que a vida mental humana é produto das atividades continuamente renovadas que se manifestam na prática social. [...]
>
> A consciência humana deixa, portanto, de ser uma "qualidade intrínseca do espírito humano", sem história e inacessível à análise causal. Começamos a entendê-la como a forma mais elevada de reflexão da realidade criada pelo desenvolvimento sócio-histórico: um sistema de agentes que existe objetivamente produz a consciência humana e a análise histórica torna acessível. [...]
>
> Todo esse processo complexo, intimamente relacionado com a incorporação da linguagem na vida mental [...], resulta em uma reorganização radical do pensamento, que possibilita a reflexão da realidade e o próprio processo da atividade humana. [...] Assim, a construção de formas complexas de reflexão da realidade e de atividade juntamente com mudanças radicais nos processos mentais que afetam essas formas de reflexão e constituem o substrato do comportamento (Luria, 2017: 26-30).

- Reforçar que o gosto é histórico, social, cultural, econômico; dinâmico; que a dita indústria cultural "disputa" — e muitas vezes consegue massificar — nosso gosto. Visibilizar que, como sujeitos, não precisamos da identificação irrestrita com modas nem da participação em fenômenos histéricos em torno de autores e obras etc. para sermos plenos e dignos, reconhecidos como sujeitos. Não é necessário caber numa "caixinha" de estereótipos, expectativas, lugares-comuns, preconceitos existenciais/estéticos.
- Permitir que as aulas de literatura sejam um espaço dialético de pensamento, reflexão, questionamento, como também de sensibilidade, fruição, manifestação de sentimentos de que às vezes nos envergonhamos ou com os quais não sabemos lidar. Ou seja, fazer perguntas incômodas em tom convidativo, criando uma atmosfera onde as pessoas se sintam convidadas a pensar sobre a vida e sua relação com a literatura.
- Fomentar projetos de resgate do próprio espaço comunitário, redescobrindo produções orais e escritas esquecidas — não numa lógica celebratória, mas como pesquisa literária ("científica") de campo; pesquisar acervos locais, correlacionando o local com um contexto maior.
- Resistir à lógica pedagógica que insiste na relação sujeito-objeto (leitor-livro) e não na relação entre sujeitos, mediados pelo objeto de cultura.

Nossos alunos não leem, não escrevem, não se interessam por literatura por obra do acaso, ou porque assim determinou o vento. Nossos projetos de educação literária fracassam porque gente com fome, desempregada, ameaçada de despejo, gente sem luz e água encanada em casa, gente semialfabetizada, gente explorada pelo trabalho até a exaustão mais absoluta, gente brutalizada por condições de vida as mais adversas não dispõe de condições objetivas mínimas para se interessar por literatura: mas, dialeticamente, quanto mais impossível ou inalcançável ou desnecessária a literatura pareça, tanto mais imprescindível ela se faz.

A literatura, como conteúdo humano sofisticado, não monolítico, não unidirecional, produzido pelo conjunto da humanidade no processo histórico (que é, sempre, um projeto de disputas), permite justamente ir além das aparências fenomênicas mais imediatas, capturando a essência do real, em suas contradições. Em vez de pensar que "literatura não é para mim, nem para os meus", é preciso que nos perguntemos, juntamente com nossos estudantes: "Por que a literatura tem sido apenas para alguns?".

Principalmente, é preciso que nossos alunos entendam, compreendam e questionem por que as aulas de literatura tendem a ser tediosas, desinteressantes, repetitivas, previsíveis, alienantes; que indaguem quem ganha e quem perde com sua (nossa?) ignorância sobre uma das criações humanas mais potentes no processo de compreensão do real em sua totalidade (a literatura); e concluam que isso poderia ser completamente diferente. É preciso que nem nós, nem nossos alunos aceitemos que as aulas de literatura pareçam falar de algo não relacionado conosco ou com eles: repito que tudo, nesse campo, poderia ser completamente diferente; e, se fosse, poderia ter um impacto extraordinário na nossa atuação no mundo. Façamos acontecer.

REFERÊNCIAS

ABDALLA, M. A democracia no capitalismo. In: SOUZA, R. S. R.; PEZIM, A. M. B.; ALVES, C. F. (org.). *Democracia em crise*: o Brasil contemporâneo. Belo Horizonte: PUC-Minas, 2017, p. 19-44.

BARREIRA, M. O desafio à tolerância e à laicidade do estado democrático de direito. In: GALVÃO, A.C.; ZAIDAN, J.; SALGUEIRO, W. (org.). *Foi golpe! O Brasil de 2016 em análise.* 2. ed. Campinas: Pontes, 2019, p. 61-78.

BRITO, R. dos S. O discurso de ideologia de gênero e os retrocessos no Plano Nacional de Educação em tempos de autoritarismo. In: GALVÃO, A. C.; ZAIDAN, J.; SALGUEIRO, W. (org.). *Foi golpe! O Brasil de 2016 em análise.* 2. ed. Campinas: Pontes, 2019, p. 261-271.

CÁSSIO, F. (org.). *Educação contra a barbárie:* por escolas democráticas e pela liberdade de ensinar. São Paulo: Boitempo, 2019.

CASTRO, R. de; NASCIMENTO, J. S. P. do; SANTOS, F. I. dos. Reforma da previdência e trabalhista no Brasil: a democracia midiatizada no pós-*impeachment* de 2016. In: *Estudos em comunicação*, v. 2, n. 26, Beira (Portugal), p. 273-287, mai. 2018. Disponível em: https://cutt.ly/IjI26yc.

CUNHA, L. A. *O projeto reacionário de educação.* [s. l.]: Edição do autor, 2016. Disponível em: https://cutt.ly/2jI27Mk.

DALVI, M. A. Sobre o esvaziamento da formação de professores de literatura. Disponível em: https://bit.ly/3gy2ILq. Acesso em 16 ago. 2021.

DALVI, M. A. Literatura infantil e democracia. In: GALVÃO, A. C.; ZAIDAN, J.; SALGUEIRO, W. (org.). *Foi golpe! O Brasil de 2016 em análise*. 2. ed. Campinas: Pontes, 2019a, p. 135-160.

DALVI, M. A. Criatividade na BNCC e em pesquisas atinentes à educação literária: indagações e desvelamentos. In: *Revista Desenredo*, v. 15, n. 2, Passo Fundo, p. 283-300, nov. 2019b. Disponível em: https://cutt.ly/ajI9wF4.

DALVI, M. A. Políticas públicas para educação literária: nem públicas, nem literárias? In: BRANDILEONE, A. P. F. N.; OLIVEIRA, V. da S. (org.). *Literatura na escola:* contextos e práticas em sala de aula. Campinas: Pontes, 2018a, p. 23-38.

DALVI, M. A. Um clássico sobre educação literária. In: *Revista Estação Literária* (Londrina), v. 22, p. 8-18, dez. 2018b. Disponível em: https://cutt.ly/bjI9rYV.

DALVI, M. A. Literaturas e infâncias: pesquisa (d)e pós-graduação como espaço político. In: *Estudos de Literatura Brasileira Contemporânea* (Brasília), n. 46, p. 153-173, jun. 2015. Disponível em: https://cutt.ly/MjI9yiq.

DALVI, M. A. Literatura na escola: propostas didático-metodológicas. In: DALVI, M. A.; REZENDE, N. L. de; JOVER-FALEIROS, R. *Leitura de literatura na escola*. São Paulo: Parábola Editorial, 2013, p. 67-98.

DOMINGUES, M. P. A fragilidade dos partidos como instituições representativas e o golpe parlamentar. In: GALVÃO, A. C.; ZAIDAN, J.; SALGUEIRO, W. (org.). *Foi golpe! O Brasil de 2016 em análise*. 2. ed. Campinas: Pontes, 2019, p. 41-60.

FERNANDES, S. *Sintomas mórbidos:* a encruzilhada da esquerda brasileira. São Paulo: Autonomia Literária, 2019.

FREITAS, A. porto alegre, 2016. In: *50 poemas de revolta*. São Paulo: Cia. das Letras, 2017, p. 13-14.

FREITAS, L. C. *A reforma empresarial da educação*. São Paulo: Expressão Popular, 2018.

FRIGOTTO, G. (org.). *Escola "sem" partido*: esfinge que ameaça a educação e a sociedade brasileira. Rio de Janeiro: Ed. UERJ e Laboratório de Políticas Públicas, 2017.

GADOTTI, M. (org.). *A ideologia do movimento "Escola sem partido":* 20 autores desmontam o discurso. São Paulo: Ação Educativa, 2016.

GALVÃO, A. C.; ZAIDAN, J.; SALGUEIRO, W. (org.). *Foi golpe! O Brasil de 2016 em análise*. 2. ed. Campinas: Pontes, 2019.

GOMES, J. R. *Democracia e educação escolar:* uma análise à luz da pedagogia histórico-crítica. 2018. Dissertação (Mestrado em Educação) — Universidade Federal do Espírito Santo, Vitória.

GINZBURG, J. Em um tempo agônico: da necessidade de uma crítica contemporânea em resistência ao fascismo. In: *Estudos Avançados*, v. 21, n. 60, São Paulo, p. 329-335, ago. 2007. Disponível em: https://cutt.ly/4jI9uE4.

GUERRA, A. *et al. Brasil 2016*: recessão e golpe. São Paulo: Fundação Perseu Abramo, 2017.

IANNI, O. *A ditadura do grande capital*. São Paulo: Expressão Popular, 2019.

JINKINS, I.; DORIA, K.; CLETO, M. (org.). *Por que gritamos Golpe?:* para entender o *impeachment* e a crise política no Brasil. São Paulo: Boitempo, 2016.

KREIN, J. D. O desmonte dos direitos, as novas configurações do trabalho e o esvaziamento da ação coletiva: consequências da reforma trabalhista. In: *Tempo social,* v. 30, n. 1, São Paulo, p. 77-104, abr. 2018. Disponível em: https://cutt.ly/yjI9ogr.

LURIA, A. R. Desenvolvimento cognitivo: seus fundamentos culturais e sociais. Trad.: Fernando Limongeli Gurgueira. 8. ed. São Paulo: Ícone, 2017.

MACHADO, V. O. *Crítica ao esvaziamento do currículo:* a BNCC e a pedagogia das competências. 2019. Dissertação (Mestrado em Educação) — Universidade Federal do Espírito Santo, Vitória.

MALARD, L. *Literatura e dissidência política*. Belo Horizonte: Ed. UFMG, 2006.

MIGUEL, L. F. *O colapso da democracia no Brasil:* da constituição ao golpe de 2016. São Paulo: Fundação Rosa de Luxemburgo e Expressão Popular, 2019.

MORAES, L. de C. G. Classe trabalhadora sob ataque: uma análise dos fundamentos e efeitos concretos do golpe. In: GALVÃO, A. C.; ZAIDAN, J.; SALGUEIRO, W. (org.). *Foi golpe! O Brasil de 2016 em análise*. 2. ed. Campinas: Pontes, 2019, p. 93-115.

PAZ, G. Cultura e democracia vilipendiadas por sucessivos golpes. In: GALVÃO, A. C.; ZAIDAN, J.; SALGUEIRO, W. (org.). *Foi golpe! O Brasil de 2016 em análise*. 2. ed. Campinas: Pontes, 2019, p. 79-92.

PEREIRA, A. R. V. V. Democracia impedida, autoritarismo liberado. In: GALVÃO, A. C.; ZAIDAN, J.; SALGUEIRO, W. (org.). *Foi golpe! O Brasil de 2016 em análise*. 2. ed. Campinas: Pontes, 2019, p. 21-40.

PRONER, C. *et al.* (org.). *A resistência ao Golpe de 2016*. Bauru: Canal 6, 2016.

RAVITCH, D. *Vida e morte do grande sistema escolar americano:* como os testes padronizados e o modelo de mercado ameaçam a educação. Trad.: de Marcelo Duarte. Porto Alegre: Sulina, 2011.

SANTOS, W. G. dos. *A democracia impedida:* o Brasil no século XXI. Rio de Janeiro: Ed. FGV, 2017.

TODOROV, T. *A literatura em perigo*. Trad.: de Cairo Meira. São Paulo: Difel, 2008.

Literatura, mediação literária e formação docente

Maria do Socorro Alencar Nunes Macedo

"A realidade que a literatura aspira compreender é, simplesmente (...), a experiência humana".
Tzvetan Todorov (2009).

Neste capítulo, discutiremos a formação do leitor de textos literários, especialmente o professor da educação básica, e os processos de mediação aí implicados. Iniciaremos nossas reflexões apresentando alguns condicionantes econômicos, sociais e políticos incidentes sobre a formação do leitor no Brasil, especialmente o professor. Tais condicionantes impactam a disponibilidade, o acesso e a apropriação (Kalman, 2004) de textos literários.

Até 2015, existiam 6.057 bibliotecas públicas municipais, distritais, estaduais e federais nos 26 estados e no Distrito Federal[1]. O Decreto nº 7.559/2011 institui o PNLL (Plano Nacional do Livro e da Leitura) com o objetivo de ampliar o acesso ao livro. Porém, do total de 5.570 municípios brasileiros, 112 não contam com bibliotecas públicas[2] e não há informações consolidadas acerca do funcionamento das bibliotecas existentes.

Segundo dados da pesquisa Retratos da Leitura no Brasil[3], o país tem em torno de 83 milhões de não leitores de livros (Instituto Pró-Livro, 2016, p. 22). Dados do IBGE indicam haver livrarias em ape-

1 Disponível em http://snbp.cultura.gov.br/bibliotecaspublicas/
2 Disponível em: https://cutt.ly/KjI9Iqy.
3 Retratos da Leitura no Brasil, 4. ed., 2016.

nas 17,7% dos municípios, em 75% deles não há banca de jornal e em apenas 13,8% há algum tipo de associação literária.

Quanto às bibliotecas escolares, dados do INEP indicam que 55% das escolas não possuem biblioteca ou sala de leitura e há grande disparidade entre as regiões do país. Enquanto na região Sul 77,6% das escolas públicas têm biblioteca, no Norte e no Nordeste, respectivamente, apenas 26,7% e 30,4% contam com o equipamento. No Sudeste, esse índice é de 71,1% e no Centro-Oeste, 63,6% (Brasil, 2011). Esses dados indicam a disponibilidade e o desigual acesso ao livro, seja na escola ou fora dela, condição básica para a formação de leitores. É só diante desse quadro social e político que as questões sobre mediação de leitura e formação do professor-leitor podem ser discutidas.

1. Literatura e mediação: alguns pressupostos

Entre os vários conceitos de literatura em disputa, tomamos como referência a formulação de Antonio Candido, por a considerarmos abrangente e adequada para pensar os processos de formação do leitor, especialmente os que ocorrem no interior da escola:

> Chamarei de literatura todas as criações de toque poético, ficcional ou dramático, em todos os níveis de uma sociedade, em todos os tipos de cultura, desde o que chamamos folclore, lenda, chiste, até as formas mais complexas da produção escrita das grandes civilizações (Candido, 1995: 155).

Do nosso ponto de vista, esse conceito abarca diferentes manifestações da linguagem literária tanto em prosa quanto em verso, não excluindo nenhuma criação de toque poético e ficcional, possibilitando uma diversificação curricular e, consequentemente, uma maior abrangência de elementos que contribuam para a formação do leitor, seja na relação com textos escritos, seja com textos de característica oral. Nesse sentido, podemos considerar que essas linguagens literárias, nas suas diferentes complexidades, podem ser objeto de leitura e reflexão por meio de processos de mediação que tomem como ponto de partida os textos e linguagens mais próximos dos leitores em formação.

Se a literatura nos ajuda a viver, se ela é "mais densa e eloquente que a vida cotidiana, mas não radicalmente diferente, se amplia o nosso universo, incita-nos a imaginar outras maneiras de concebê-lo", como pensa Todorov (2009: 22), devemos reivindicá-la como um direito incompressível, no sentido atribuído por Candido (1995), e lutar para que todos tenham acesso a esse bem simbólico e cultural de forma igualitária.

Além das funções acima, incluímos as reflexões de Calvino (2008), quando ele atribui à literatura a função de "comunicação entre o que é diverso pelo fato de ser diverso, não embotando, mas antes exaltando a diferença, segundo a vocação própria da linguagem escrita" (p. 58). Ou seja, além de contribuir para a ampliação das formas de conceber a vida e o universo, a literatura incide sobre algo que nos constitui, a diversidade humana, suas diferentes formas de ser, contribuindo assim para nos enxergarmos na diversidade, em nossas diferentes formas de humanidade. Assim é que devemos reivindicar que a literatura ocupe um lugar central nos processos de formação na escola e fora dela, por meio de processos e formas de mediação dialógicos que incluam o debate e a conversa acerca da obra como princípio fundante. Na escola ou fora dela, a experiência estética, na qual se inclui a leitura literária, precisa ser mais reconhecida e valorizada como modo de "humanizar as relações enrijecidas pela absolutização das mercadorias" (Paulino, 2004: 60).

Questionando e criticando as práticas em torno do ensino de literatura, Todorov (2009: 28-31) afirma:

> [n]a escola, não aprendemos acerca do que falam as obras, mas sim do que falam os críticos. (...) Devemos estudar os métodos de análise ilustrados com a ajuda de diversas obras? Ou estudarmos obras consideradas como essenciais, utilizando os mais variados métodos? (...) Para trilhar esse caminho, pode ser útil ao aluno aprender os fatos da história literária ou alguns princípios resultantes desta análise estru-

tural. Entretanto, em nenhum caso o estudo desses meios de acesso pode substituir o sentido da obra, que é o seu fim.

Isso implica discutir formas de mediação que coloquem o texto (a obra literária) no centro do processo de escolarização, possibilitando o seu acesso pela mediação dialógica e apostando na construção de sentidos pelo leitor, nos seus processos de significação. Essa perspectiva de mediação é defendida por Michèle Petit (2008), segundo a qual o papel do mediador é estabelecer pontes entre o leitor e a obra. Esse mediador pode ser "um professor, um bibliotecário ou, às vezes, um livreiro, um assistente social ou um animador voluntário de alguma associação ou até um amigo ou alguém com quem cruzamos" (p. 210) na escola ou fora dela. A antropóloga esclarece: "Não se trata, de modo algum, de aprisionar o leitor, mas sim de lhe apresentar pontes ou permitir que ele mesmo construa as suas" (p. 171).

Por que se torna crucial discutir o papel do mediador na formação de leitores? Porque, concordando com Petit (2008: 15),

> [o] gosto pela leitura não pode surgir da simples proximidade material com os livros. Um conhecimento, um patrimônio cultural, uma biblioteca podem se tornar letra morta se ninguém lhes der vida. Se a pessoa se sente pouco à vontade em aventurar-se na cultura letrada devido à sua origem social, ao seu distanciamento dos lugares do saber, a dimensão do encontro com um mediador, das trocas, das palavras "verdadeiras", é essencial.

Ou seja, não basta formular e implementar políticas que incidam sobre a disponibilidade de livros; é preciso criar processos de formação e de mediação que possibilitem o acesso e a apropriação das obras pelos leitores. Como formar professores e alunos leitores de textos literários? As reflexões de Paulino (2004) nos ajudam a pensar os processos e as estratégias que devem ser desencadeados quando se tem como objetivo a formação do leitor de literatura:

> A formação de um leitor literário significa a formação de um leitor que saiba escolher suas leituras, que aprecie construções e significações verbais de cunho artístico, que faça disso parte de seus fazeres e praze-

res. Esse leitor tem de saber usar estratégias de leitura adequadas aos textos literários, aceitando o pacto ficcional proposto, com reconhecimento de marcas linguísticas de subjetividade, intertextualidade, interdiscursividade, recuperando a criação de linguagem realizada, em aspectos fonológicos, sintáticos, semânticos e situando adequadamente o texto em seu momento histórico de produção (Paulino, 2004, p. 56).

Tais processos devem, portanto, priorizar a formação do gosto pela autonomia de escolha do que se quer ler, tendo como critério as construções próprias da linguagem artística e atentando para o leque de possibilidades indicadas por Candido (1995). A pesquisa de Petit (2008) indica que "a leitura, em particular a leitura de livros, pode ajudar os jovens [e diríamos, os leitores em geral] a serem mais autônomos e não apenas objetos de discursos repressivos ou paternalistas" (p. 19).

2. Literatura e formação docente

O professor da educação básica é um leitor. Embora existam, ainda, os que defendem que esse profissional não lê, é importante discutir os pressupostos que reafirmam que tanto o professor quanto qualquer sujeito que vive numa sociedade grafocêntrica desenvolve práticas de leitura. As pesquisas antropológicas sobre letramento, como as de Street (1984; 2014) e Barton e Hamilton (2000), lançam luz sobre as práticas de leitura que fogem ao padrão hegemônico, padrão que considera leitor apenas quem lê livros e que norteia, por exemplo, a pesquisa Retratos da Leitura no Brasil. São abundantes as pesquisas que atestam a diversidade de práticas de leitura nas sociedades grafocêntricas, indicando que os sujeitos vivem imersos, de alguma forma, em contextos da cultura escrita, tendo o seu cotidiano permeado por textos impressos e digitais.

Em geral, pesquisas estatísticas que tentam mapear o perfil do leitor no Brasil partem do pressuposto de que ler é um verbo intransitivo, sem a necessidade de questionar o objeto da leitura. Ler, ao contrário, é um verbo transitivo (Soares, 2005): lemos diferentes gêneros textuais, de diferentes formas; inclusive, o livro literário, que é apenas uma entre as tantas variedades de livros existentes. Portanto, não se pode atestar que o Brasil tem milhões de não leitores quando se parte dessa mais ampla acepção de leitura.

No entanto, o foco de nossas preocupações é a leitura de livros literários por parte do professor. Nesse ponto, as pesquisas indicam que essa prática de leitura ainda é bastante restrita no país, com resultados desanimadores. A pesquisa Retratos da Leitura no Brasil indica:

> De maneira geral, os professores possuem o mesmo comportamento da população leiga quanto aos hábitos, frequência e interesses de leitura. Ou seja, os docentes não se diferenciam daqueles que estão "desobrigados" profissionalmente de conviver com os livros e textos (Failla, 2012 *apud* Stephani, 2014, p. 37).

Cabe-nos, então, perguntar: por que grande parte dos professores da educação básica não lê textos literários? Para responder a essa pergunta, é fundamental compreendermos alguns elementos condicionantes que caracterizam a profissão docente no país, além dos apresentados na introdução deste texto. Em pesquisa recente que buscou mapear o perfil sociocultural, econômico e pedagógico dos professores da Rede Municipal de Recife (Macedo, 2019), nos deparamos com dados que reafirmam alguns dos resultados da pesquisa Retratos da Leitura no Brasil.

Quando perguntamos o que esses professores leem, nos referindo a textos literários em prosa ou verso, encontramos que 46% afirmam não ler romance, poesia e contos, embora uma discreta maioria (54%) indique esse tipo de leitura.

Diante desses dados, a pergunta que se coloca é: como um professor da educação básica, nos anos iniciais, pode ser mediador de leitura, se ele não lê poesia, romance ou conto? É possível ser mediador sem o contato com as obras que formam o leitor? Não estamos falando de ensino de literatura, simplesmente, mas de um processo decisivo que pode marcar a relação do leitor com os livros, positiva ou negativamente. É consenso que, para alguém poder ajudar a des-

pertar o gosto pela leitura, é preciso que ele mesmo seja um leitor ou tenha uma relação de intimidade com os livros.

No entanto, precisamos questionar por que 46% dos professores das escolas municipais de Recife não se veem como leitores de literatura. Podemos pensar no peso exercido pelas condições de trabalho, atrelado às condições de acesso ao livro e à leitura literária, além dos processos de formação, desde a educação básica até a graduação. A maioria dos professores atuantes em escolas públicas — não só de Recife, como de todo o país — trabalha em dois turnos, sobrando quase tempo nenhum para se dedicarem à leitura literária.

Considerando que a maioria é de mulheres, essas professoras, como sabemos, enfrentam dois turnos de trabalho e mais uma jornada de serviços domésticos. O fator tempo é decisivo na leitura literária, que, pela sua especificidade, necessita do tempo adequado para que a fruição possa ocorrer, diferentemente de leituras mais pragmáticas no cotidiano, como por exemplo: uma notícia de jornal, uma página na internet, receitas de bolo, manuais de instrução, uma lista de compras, um e-mail etc.

No que se refere aos sujeitos que podem ter influenciado o gosto pela leitura, assim como na pesquisa Retratos da Leitura no Brasil, o gráfico abaixo indica a mãe como a pessoa que mais influenciou o gosto pela leitura dos professores. Em segundo lugar, vem um professor; em terceiro lugar, o pai; em quarto, outro parente. Chama a atenção a quantidade significativa de professores que afirmam não terem sido objeto de influência de ninguém no gosto pela leitura. Esses resultados indicam a importância da mediação de leitura na família, mas também na escola. Indicam, ainda, que para muitos professores faltou um sujeito mediador na sua formação leitora.

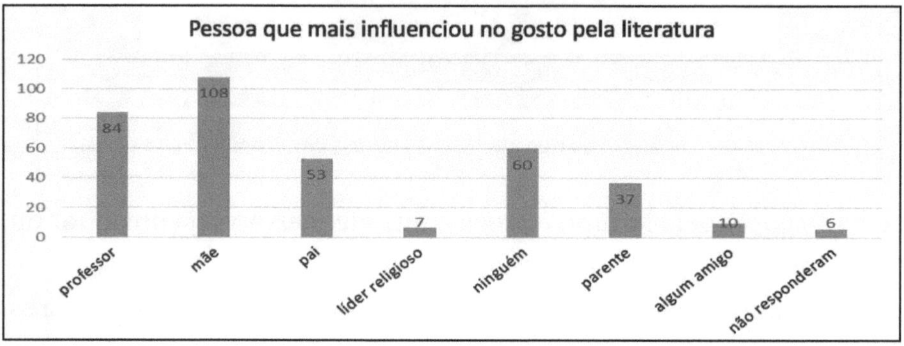

Em relação à formação, sabemos que a leitura literária não faz parte dos currículos dos cursos de pedagogia nem das licenciaturas. Os cursos ignoram a dimensão estética da formação docente a partir da leitura literária. O que se ensina nesses cursos é, quando muito, formas e estratégias de mediação de leitura, sem, contudo, permitir que os professores leiam ou tenham acesso à leitura de obras literárias escolhidas por eles ou indicadas pelo curso. Da mesma forma, os cursos de formação continuada, quando ocorrem, investem nas pedagogias para o trabalho com o livro literário infanto-juvenil, sem que os professores tenham acesso a esses livros. As políticas de leitura voltadas à escola até o ano de 2014, quando o PNBE (Programa Nacional da Biblioteca Escolar) foi suspenso, fizeram chegar bons livros literários ao espaço escolar; contudo, não foram incluídas obras literárias destinadas ao professor. Além disso, as que chegam ficam, muitas vezes, estocadas na biblioteca da escola ou salas de leitura, sem que os alunos tenham acesso a elas. Em síntese, o que se percebe é que, uma vez graduado, o professor é alçado à condição de mediador de leitura literária e é cobrado por isso e, muito frequentemente, responsabilizado, de forma injusta, pelo fracasso dos índices de leitura do país.

3. Um exemplo de mediação diferenciada no espaço escolar

De forma sucinta, relatamos aqui dados de uma pesquisa já concluída, conduzida por Nathaly Ramos Silva (2018), sobre uma professora da educação básica, anos finais, que indica uma forma alternativa de trabalho com o livro literário nos processos de escolarização. Trata-se de uma professora que busca se aproximar do gosto de leitura dos alunos, tomando suas experiências como ponto de partida. A professora trabalha em dois turnos na Rede Estadual de Pernambuco, é formada em Letras pela UFPE e tem como projeto pessoal ler, em média, doze livros por ano. Todos os livros que ela lê são postados na sua página do Instagram, como forma de compartilhar suas leituras e estimular seus alunos a lerem. Ela reconhece que conta com pouco tempo disponível, mesmo assim, investe na leitura de livros no tempo que lhe resta quando não está trabalhando. Usa esse mesmo argumento com os alunos, rechaçando aqueles que afirmam não terem tempo suficiente para ler.

Afirma que seu gosto pela leitura não surgiu na infância ou adolescência. Não tem lembrança de idas à biblioteca ou de leituras feitas em casa nesse período da vida, tampouco de ter sido influenciada pelos pais ou por alguém próximo. Atribui seu gosto pela leitura aos anos que passou na universidade, no curso de Letras, devido à leitura de textos para debate nas aulas.

Como estratégia de mediação literária, a professora criou um clube de leitura numa das escolas onde atua. As reuniões ocorrem semanalmente das 12h30min às 13h30min, qualquer aluno pode participar, e as obras lidas são escolhidas pelos alunos e também sugeridas por ela. É comum em seu discurso a afirmação de que o clube não é aula, mas um momento de conversa com quem gosta de ler livros, quem gosta de leitura, reconhecendo a importância de compartilhar as dificuldades dos alunos com algum texto, como, por exemplo, os contos de Machado de Assis, que ela indicou para leitura. A maior parte das obras lidas ou sugeridas são livros que remetem a alguma série ou que compõem o grupo dos *best-sellers* destinados aos jovens. Esses livros também fazem parte do gosto da docente, que afirma não gostar de ler textos clássicos ou canônicos.

Nas reuniões do clube, os alunos têm a oportunidade de socializar os livros que estão lendo ou de discutir alguma obra lida por todos. Observa-se que a mediação estabelecida pela docente prima pelo diálogo com a obra, e não com textos avulsos, instigando os alunos a emitirem sua opinião sobre os livros lidos, compartilharem suas experiências de leitura e, assim, influenciarem a escolha de leitura dos colegas. Isto é, no clube, todos exercem simultaneamente o papel de leitor e de mediador, nos moldes discutidos por Michèle Petit (2008).

A escola não conta com bibliotecária; a biblioteca fica fechada. Porém, a professora tem a chave para fazer as reuniões do clube nesse espaço. Ela também pode usar o acervo, desatualizado em relação ao gosto de leitura dos alunos, mas com alguns exemplares de clássicos da literatura brasileira. Uma das experiências do clube foi a leitura de um conto de Machado de Assis, que evidenciou, segundo as observações e a fala da professora, um grande desafio de leitura. Os alunos, desacostumados da linguagem machadiana, enfrentaram grande dificuldade na leitura e compreensão do texto. A justificativa da professora para a escolha do conto foi o fato de haver exemplares suficientes para todos os participantes. Porém, não apenas os alunos tiveram dificuldades, a própria professora compartilhou com o grupo suas dificuldades de compreensão do texto. Por outro lado, durante a reunião, ela apresentou sua interpretação da obra e construiu com os alunos uma compreensão compartilhada de sentidos. Observamos, assim, que o leque de leituras do clube é amplo, não se restringe apenas aos livros de que os alunos gostam, e que há um esforço da docente em possibilitar o acesso mediado a textos mais desafiadores, como os clássicos. Nesse sentido, podemos considerar que essa prática trabalha com uma visão mais ampla de literatura, tendo como referência e ponto de partida as experiências de leitura dos alunos a fim de ampliá-las, papel atribuído à escola.

Com essa experiência, podemos especular sobre a possibilidade de as aulas de leitura não serem focadas na análise da estrutura dos textos literários avulsos ou mesmo dos que constam nos livros didáticos, embora isso possa ocorrer, mas, fundamentalmente, no contato permanente com obras autênticas e integrais. Ou, ainda, a possibilidade de as aulas de leitura terem como base as experiências e gostos de leitura dos alunos. Para isso, o professor precisa conhecer as experiências de leitura da turma. Isso implica uma relação mais dialógica entre professor e alunos, para que eles possam se sentir estimulados a relatar suas leituras, numa relação de confiança, formação, cooperação e reciprocidade. Por outro lado, concordamos com Paulino:

> Chegar a ler um bom autor, um premiado autor para jovens, não basta para penetrar no campo restrito dos leitores contumazes, ligados de fato à literatura, bem informados, capazes de distanciar-se das propostas de consumo da literatura como mercadoria apenas (2004, p. 59).

Porém, dadas as condições de trabalho, as peculiaridades da cultura escolar e a formação do professor, percebemos que a escola, a cada dia, se torna um espaço que afugenta o livro literário das suas práticas seja pela forma como o currículo está estabelecido sem priorizar o texto literário, seja pela inexistência de um projeto de leitura ligado às bibliotecas ou salas de leitura na escola.

4. O caminho se faz caminhando

São muitos os desafios a enfrentar no que se refere à formação do leitor de textos literários no Brasil. Um país com muitas deficiências, tanto nas políticas do livro e da leitura, quanto na formação dos mediadores. Um país com distribuição extremamente desigual de equipamentos de acesso ao livro, uma concentração enorme de bibliotecas escolares nas regiões Sul e Sudeste, 112 municípios que não contam com bibliotecas e cerca de 63% de municípios sem nenhuma livraria. Um país onde houve a interrupção de políticas fundamentais de acesso ao livro e à leitura — como o PNBE, suspenso em 2014 — e onde não há políticas de formação de professores como leitores de textos literários. Soma-se a isso o fato de a grande maioria dos professores da educação básica trabalhar em dois turnos. Entretanto, apesar dos dados desanimadores, é fundamental tomar essa realidade como ponto de partida para reivindicarmos a formulação e implementação de políticas públicas realmente concentradas na formação do leitor de literatura e no leitor de textos em geral, direito humano inalienável. Em meio a isso, vimos surgir experiências alentadoras — como a aqui relatada, ainda que individual — de docentes que exercem, no escasso tempo e sob condições adversas, uma prática alternativa e criativa de mediação de leitura.

Essa é uma pauta política. Não se consegue atingir o objetivo de democratização do acesso ao livro e à leitura sem luta, travada coletivamente, em todas as instâncias da cadeia de formação do leitor: instituições públicas educativas, escolas, nossos representantes no congresso nacional, a universidade e aqueles que trabalham na formação direta de leitores.

Para que os brasileiros de todas as idades, classes, etnias e gêneros tenham acesso ao livro e ao direito à literatura, participando de eventos literários; para que nossas escolas contem com bibliotecas abertas, com acervo atualizado e de qualidade; para que os interesses de leitura dos professores e dos alunos sejam contemplados; para que a formação do professor contemple a dimensão estética, precisamos que essa pauta seja de todos nós que realizamos pesquisas e formamos leitores, todos nós, cidadãos desse país, conscientes de nossos direitos.

Referências

BARTON, D.; HAMILTON, M. Literacy Practices. In: BARTON *et al. Situated Literacies*. London: Routledge. 2000.

BRASIL. *Avaliação de bibliotecas escolares no Brasil*. Brasília, 2011.

CANDIDO, A. El direcho a la literatura. In: *Ensaios y comentários*. Campinas: Editora da UNICAMP; São Paulo: Fondo de Cultura Económica de México, 1995.

CALVINO, I. *Seis propostas para o próximo milênio*. São Paulo: Companhia das Letras, 2008.

KALMAN, J. *Saber lo que es la letra:* uma experiência de lectoescritura com mujeres de mixquic. México, D. F.: Siglo XXI Editores e S. A. de C. V., 2004.

INSTITUTO PRÓ-LIVRO. *Retratos da Leitura no Brasil 4*. Rio de Janeiro, 2016.

MACEDO, M. do S. A. N. Perfil sociocultural dos professores do 1º ao 5º ano da Rede Municipal de Recife. In: *Revista Cocar*, v. 13, n. 26, mai./ago. 2019, p. 358-375.

PAULINO, M. G. Formação de leitores: a questão dos cânones literários. In: *Revista Portuguesa de Educação*, v. 17, n. 1, Braga (Portugal), 2004, p. 47-62.

PETIT, M. *Os jovens e a leitura:* uma nova perspectiva. Trad.: Celina Olga Souza. São Paulo: Editora 34, 2008.

SILVA, N. C. R. *A mediação de práticas de leitura de livros literários na escola*: uma perspectiva etnográfica. Dissertação. Mestrado em Educação. Recife. Universidade Federal de Pernambuco, 2018.

SOARES, M. Ler, verbo transitivo. In: *Leituras literárias: discursos transitivos*. Belo Horizonte: Autêntica, 2005, p. 29-34.

STEPHANI, A. D. Os professores de leitura: a realidade brasileira e o papel da universidade. In: *Anais do Seminário de Ensino, Pesquisa e Extensão*. Universidade Estadual de Goiás, 2014.

STREET, B. V. *Literacy in Theory and Practice*. Cambridge: Cambridge University Press, 1984.

STREET, B. V. *Letramentos sociais*: abordagens críticas do letramento no desenvolvimento, na etnografia e na educação. Trad.: Marcos Bagno. São Paulo: Parábola Editorial, 2014.

TODOROV, T. *A literatura em perigo*. Rio de Janeiro: Difel, 2009.

A biblioteca como instância de formação de leitores[1]

Ester Calland de Sousa Rosa

A imprensa brasileira costuma noticiar resultados de pesquisas sobre leitura com manchetes alarmantes, segundo as quais a população brasileira não tem hábito de ler, não compra livros e demonstra dificuldades em testes de compreensão leitora. Por outra parte, quando a imprensa noticia boas práticas, em geral elas são tratadas como casos isolados, frutos de voluntariado ou de iniciativas isoladas e pouco abrangentes.

Por sua vez, as pesquisas nesse campo destacam a importância de pelo menos três instituições que interferem na formação de leitores: as famílias (Dickinson; Griffith; Golinkoff, 2012), as escolas (Bonilla; Goldín; Salaberria, 2008) e as bibliotecas (Santos; Marques Neto; Rösing, 2009; Machado, 2010).

Neste capítulo, a ênfase será dada às bibliotecas e a seu papel na formação de leitores. A ideia básica aqui defendida é a de que são necessárias determinadas condições para a biblioteca se tornar uma instância de formação de leitores, com destaque para as mediações e os mediadores que atuam nesses dispositivos culturais. Para tanto, inicialmente serão discutidas concepções de biblioteca e em que condições ela passa a se constituir como lugar de formação de leito-

[1] Texto elaborado a partir da exposição no II Ciclo de Debates do GPEALE (Grupo de Pesquisa em Alfabetização e Letramento, da Universidade Federal de São João-Del-Rei): Literatura na Escola, de 25 a 27 mar. 2018.

res. Em seguida, serão apresentados resultados de duas pesquisas: uma que abordou a atuação de professores em bibliotecas escolares e outra que abordou a mediação de leitura em bibliotecas comunitárias. Por fim, algumas considerações finais são trazidas ao debate acerca da formação de leitores na biblioteca.

1. A biblioteca na formação de leitores: questão de identidade e de acesso

A biblioteca é um equipamento social que cumpre o papel de conservação do patrimônio cultural. É, portanto, um lugar de preservação de artefatos da cultura escrita, onde se guardam coleções que representam o que se pretende perpetuar na memória coletiva. Conforme defende Chartier (2007):

> [o] medo do esquecimento obcecou as sociedades europeias da primeira fase da modernidade. Para dominar sua inquietação, elas fixaram, por meio da escrita, os traços do passado, a lembrança dos mortos ou a glória dos vivos e todos os textos que não deveriam desaparecer. (...) No espaço aberto da cidade, no refúgio da biblioteca, na magnitude do livro e na humildade dos objetos mais simples, a escrita teve por missão conjurar contra a fatalidade da perda (p. 9).

Nessa perspectiva, a biblioteca representa a cultura escrita que se quer proteger do apagamento. Isso implica um modelo que não necessariamente supõe a exigência de que a biblioteca fomente a leitura ou a formação de leitores, visto que sua função primordial seria a conservação patrimonial. Na biblioteca de conservação, espera-se o leitor especializado, cujas capacidades de leitura precedem sua chegada à biblioteca.

Mais contemporaneamente, a biblioteca também é entendida como um equipamento social voltado à difusão da informação e do conhecimento. Nesse modelo, associações de profissionais e entidades representativas do campo da biblioteconomia passam a incluir, entre os indicadores de impactos das bibliotecas públicas, aspectos como o desenvolvimento pessoal (educação formal, aprendizagem e formação continuada, empréstimo de livros), a coesão social (local de encontro e de apoio a grupos comunitários) e a economia local (apoio às capacidades de trabalho e profissionais). Nesse conjunto de indicadores, passam a constituir como efeitos das bibliotecas:

- Fruição e seleção de material de leitura de lazer;
- Desenvolvimento da leitura em crianças pequenas;
- Rendimento acadêmico, especialmente quanto às competências linguísticas;
- Aquisição de habilidades, especialmente as TIC e a alfabetização informacional;
- Aspectos mais amplos de aprendizagem, tais como o aumento da motivação para a aprendizagem, autoconfiança, a independência (https://cutt.ly/GjI9c3F/).

No modelo que entende a biblioteca como espaço de difusão da informação, o papel socializador da biblioteca ganha destaque e desenvolve-se o campo de estudos cujo foco são os usuários desses espaços, suas demandas e suas práticas informacionais. Assim, a biblioteca é entendida como um contexto que favorece a busca e o compartilhamento de informações. Já o usuário da biblioteca, também identificado como interagente, passa a ser visto como

> um ator social que, além de ser [...] ativo na busca e compartilhamento de suas ações, realiza suas ações em meio a uma coletividade e atribui significado a elas. Ao protagonizar essas ações, os sujeitos demonstram competências informacionais no ato da busca, uso, apropriação, produção e compartilhamento dessas informações, incluindo-se nisso a capacidade de fazer relações, discernir, inferir e usar a informação de forma adequada (Alves, 2017, p. 38).

Essa orientação se materializa em documentos norteadores de políticas públicas, como é o caso do Plano Nacional do Livro e da Leitura-PNLL (Portaria Interministerial nº 1.442/2006, transformado em Decreto nº 7.559/2011). A biblioteca preconizada naquele documento

> não é concebida aqui como um mero depósito de livros, como muitas vezes tem se apresentado, mas assume a dimensão de um dinâmico polo difusor de informação e cultura, centro de educação continuada, núcleo de lazer e entretenimento, estimulando a criação e a fruição dos mais diversificados bens artístico-culturais; para isso, deve estar sintonizada com as tecnologias de informação e comunicação, suportes e linguagens, promovendo a interação máxima entre os livros e esse universo que seduz as atuais gerações (Brasil, 2010, p. 33).

Cabe nesse modelo a discussão acerca do papel educativo da biblioteca na formação de um leitor que seja capaz de localizar, usar, produzir, compartilhar informações. A ênfase recai, portanto, nas aprendizagens que as mediações na biblioteca podem propiciar, voltadas para a assimilação de tecnologias e ferramentas de busca de informação. É a esse leitor que a biblioteca dirige suas intervenções e seus programas de formação.

Nesse debate, a biblioteca escolar tem um papel diferenciado. Quando trata da biblioteca escolar, o PNLL a define como um "equipamento cultural obrigatório e necessário ao desenvolvimento do processo educativo", tendo como objetivos:

I disponibilizar e democratizar a informação, o conhecimento e as novas tecnologias, em diversos suportes;

II promover as habilidades, competências e atitudes que contribuam para a garantia dos direitos e objetivo de aprendizagem e desenvolvimento do(a)s aluno(a)s, em especial no campo da leitura e da escrita;

III constituir-se como espaço de recursos educativos indissociavelmente integrado ao processo de ensino-aprendizagem;

IV apresentar-se como espaço, de estudo, encontro e lazer, destinado a servir de suporte para a comunidade em suas necessidades e anseios (cf. PL nº 9.484/2018, em tramitação na Câmara dos Deputados, altera a Lei nº 12.244/2010).

Além das normativas governamentais, estudos na área da biblioteconomia evidenciam que a biblioteca escolar repercute positivamente na formação de leitores mediante algumas condições: dispor de equipe especializada, possuir coleção diversificada e atualizada em diferentes suportes e dedicar tempo sistemático ao atendimento direto aos alunos (Kulthau, 2004; Bonilla; Goldín; Salaberria, 2008; Campello, 2009).

Estudos no campo da psicologia e da educação também evidenciam a importância da articulação entre as ações escolares e das famílias no desenvolvimento das habilidades necessárias à formação de leitores (Dickinson; Griffith; Golinkoff, 2012). Quando essas práticas não ocorrem em espaços familiares, podem ser desenvolvidas em bibliotecas que assegurem: a presença de acervos diversificados, programas de mediação de leitura voltados ao desenvolvimento da autonomia do leitor e ações de integração com as famílias e comunidades (Bonilla; Goldín, 2008).

Pensar a biblioteca como espaço de conservação da cultura escrita, como dispositivo de difusão da informação e de apoio à escolarização implica, portanto, modos próprios de pensar a sua função no que se refere à formação de leitores.

Por fim, um terceiro modelo de biblioteca convive com essas duas perspectivas e agrega às práticas já consolidadas nesses espaços outras que fomentam também a apropriação e o protagonismo cultural (Perrotti, 2008) e a educação literária (Colomer, 2007). A biblioteca passa a ser entendida como um lugar de interações e mediações cujo papel precípuo é atuar na formação de leitores para que se apropriem da cultura escrita de tal forma que a leitura possa "ajudar as pessoas a se construírem, a se descobrirem, a se tornarem um pouco mais autoras de suas vidas, sujeitos de seus destinos, mesmo quando se encontram em contextos sociais desfavorecidos" (Petit, 2013, p. 31). Nessa perspectiva, as concepções anteriores integram-se e se ampliam:

> A biblioteca pública, para cumprir sua missão social, deve atuar transitando sob a integração dos três paradigmas: o da conservação cultural, porque não pode abandonar o domínio da memória, já que deve promover a integração da herança cultural e também da diversidade; o da difusão, porque este orienta seu trabalho de organizar para as-

segurar a recuperação e o acesso à informação; e o da apropriação cultural, já que a biblioteca pública tem inclusa na sua missão a promoção do exercício da expressão e criatividade dos sujeitos e coletivos sociais, elementos fundamentais para a formação de protagonistas sociais, contribuindo, assim, para a construção e o fortalecimento da identidade social. Posicionando-se na zona de interseção desses três paradigmas, a biblioteca pública potencializará suas ações em favor da memória, da mediação e da identidade social, o que lhe conferirá o perfil de um dispositivo de mediação cultural.

(...)

A consciência mais clara de que a apropriação cultural encontra-se na centralidade da missão desse ambiente social colocou o usuário e suas necessidades em lugar de relevo no trabalho com a informação, trazendo à tona a importância do papel mediador da biblioteca e dos profissionais que nela atuam (Gomes, 2014, p. 152 e 153).

Numa compreensão de biblioteca como dispositivo de apropriação cultural e como espaço de educação literária, formar leitores ganha um sentido mais dialético e político, entendendo-se que a biblioteca

> não será tanto o espaço onde "construir", "formar" ou "qualificar" leitores, mas aquele em que uma criança, um adolescente, possa muitas vezes descobrir o desejo de formar-se, construir-se, qualificar-se (Petit, 2008, p. 163).

Desse modo, a formação de leitores na biblioteca precisa considerar o contexto de seus frequentadores e como a cultura escrita é apropriada por eles, com vistas inclusive a reverter situações em que

> o conhecimento formalizado e a cultura escrita deslizarão por cima de muitos deles sem alcançá-los ou formarão uma espécie de pátina superficial com a qual manterão uma relação ambivalente, entre o fascínio e o rechaço (Petit, 2008, p. 157).

A apropriação da literatura também pode ser entendida em sua dimensão política, quando entendemos que

> o texto literário ostenta a capacidade de reconfigurar a atividade humana e oferece instrumentos para compreendê-la, posto que, ao ver-

balizá-la, cria um espaço específico no qual se constroem e negociam os valores e o sistema estético de uma cultura (Colomer, 2007, p. 27).

A biblioteca (pública ou escolar) pode e deve se constituir em espaço de formação de leitores, desde que sejam dadas as condições certas e que se coloque essa perspectiva entre seus objetivos. No entanto, na realidade brasileira, outro desafio se agrega, qual seja o da garantia do direito ao acesso universal às bibliotecas.

Em 1999, o país apresentava um percentual de 76,3% dos municípios com bibliotecas públicas e, em 2014, passou para 97,1% a cobertura municipal. Os números atuais indicam, no entanto, a persistência de 112 dos 5.570 municípios brasileiros sem espaços públicos de leitura. Existem 6.701 bibliotecas públicas cadastradas em todo o país e em torno de três mil comunitárias. Contudo, a distribuição geográfica é desigual e em média existe uma biblioteca para cada 33 mil habitantes (SNBP, 2016; IBGE, 2015), o que evidencia que o acesso a esses equipamentos não constitui ainda um direito efetivado na nossa realidade.

Em relação às bibliotecas escolares, o Censo Escolar de 2016 indicava que 21% das escolas públicas e 38% da rede privada contavam com bibliotecas em funcionamento, apesar do prazo fixado pela Lei nº 12.244/2010, que estabelecia a universalização das bibliotecas escolares até 2020[2].

Em termos de acesso a livros, o Programa Nacional Biblioteca da Escola (PNBE) disponibilizou regularmente às escolas públicas acervos no período compreendido entre 1997 e 2014. No entanto, um levantamento do próprio Ministério da Educação indica que, em geral, a biblioteca escolar é um espaço vulnerável, desorganizado, sem profissionais qualificados ou projetos de leitura integrados à sala de aula (Brasil, 2008). Ou seja, a biblioteca escolar na realidade brasileira tem sido um elemento adjetivo (desejável), e não substantivo (essencial para alcançar objetivos educativos) (Bonilla, 2008, p. 55),

[2] O Projeto de Lei nº 9.484/18 ampliou o prazo para a universalização das bibliotecas escolares até o ano de 2024, último ano de vigência do Plano Nacional de Educação.

sendo que a distribuição de acervos ou a existência do espaço físico não asseguram atividades de mediação de leitura.

Estamos, portanto, diante de um duplo desafio para efetivar a formação de leitores em bibliotecas. Por um lado, a conquista de uma compreensão de que a biblioteca inclua, efetivamente, a centralidade da mediação de leitura como meta; e, por outro, a garantia do acesso democrático e universal a esses equipamentos.

Nas seções a seguir, serão discutidos os resultados de duas pesquisas empíricas: uma com professoras que atuam em bibliotecas escolares e outra com mediadores de bibliotecas comunitárias, com o objetivo de apresentar exemplos em que a biblioteca direciona sua intervenção para a formação de leitores.

2. Formação de leitores na biblioteca: o que dizem as professoras que atuam em bibliotecas escolares?

A pesquisa na área de bibliotecas escolares tende a identificar muitas lacunas e dificuldades enfrentadas para que esses espaços pedagógicos funcionem de forma integrada ao projeto pedagógico da escola, cumprindo a função de espaço que "possibilita cenários para incorporar na escola as práticas sociais e culturais da leitura" (Robledo, 2008, p. 16).

Os dados expostos a seguir vão em outra direção, pois apontam para uma contribuição efetiva da biblioteca escolar para um projeto de formação de leitores na escola. A pesquisa "Bibliotecas escolares: projetos, práticas e aprendizagens na formação de leitores", realizada no período de 2008 a 2010 pela autora deste capítulo, teve como objetivo apontar elementos constitutivos da prática docente na biblioteca escolar e coletar as concepções de professoras de biblioteca acerca da gestão pedagógica desses espaços. Para tanto, adotou-se uma perspectiva de pesquisa colaborativa (Pimenta, 2006), envolvendo onze professoras de biblioteca e oito membros do Programa Manuel Bandeira de Formação de Leitores, gerido pela Secretaria

Municipal de Educação do Recife. Seu desenho metodológico envolveu a realização de 54 horas de grupo focal (dezoito encontros de três horas), com coleta de narrativas orais e escritas sobre práticas educativas na biblioteca escolar e a realização de observações em quatro dessas bibliotecas (38 turnos — 152 horas).

Ao longo das sessões do grupo focal foram coletadas narrativas orais e escritas dessas professoras e nelas evidenciavam-se suas compreensões acerca do papel que desempenham na biblioteca escolar e sobre sua atuação na formação de leitores. Esses depoimentos foram agrupados em cinco categorias: a biblioteca como lugar da palavra; a biblioteca como lugar de mediações de leitura; a biblioteca como lugar de autoria; a biblioteca integrada à sala de aula e a biblioteca como dispositivo cultural (Rosa, 2011).

Para as professoras participantes da pesquisa, sua intervenção pedagógica prioritária se concentra na formação de leitores literários. Elas organizam rodas de leitura compartilhada e outras formas de aproximação entre leitores e textos. Para a professora Rosário Menezes[3],

> [a] biblioteca não pode mais ser percebida como um lugar estático, como um mero depósito de livros. Hoje, ela pode e deve funcionar como um espaço vivo, espaço de troca, de comunicação, de parcerias, de conexão. Ou seja, a partir dela muitas possibilidades de leitura e escrita podem ser vivenciadas. É preciso mudar o conceito que temos de biblioteca escolar, e inseri-la de fato no funcionamento da escola. O trabalho da biblioteca precisa estar focado na palavra, no comunicar, no lúdico, para que consigamos estabelecer vínculos com os estudantes.

Este *lugar da palavra* se materializa num conjunto de intervenções intencionais que podem envolver diferentes estratégias de mediação de leitura. Tais mediações, conforme os depoimentos das professoras, envolvem "pactos de leitura" (Paulino *et al.*, 2001) que favorecem

> a construção de conhecimentos e a elaboração de posicionamentos críticos sobre os textos lidos e sobre a realidade. [...] Outro aspecto que

---

[3] As professoras autorizaram sua identificação e divulgação.

> considero importante no desenvolvimento do trabalho de mediação é o incentivo ao diálogo. O aluno valoriza o diálogo e sente necessidade de ser escutado. [...] A mediação deve ser o espaço de aprendizagem que o aluno tem para ter acesso ao mundo da escrita e da leitura e para troca de informações (Eliara Miranda).

Também são enfatizadas as mediações que contribuem para a elaboração de estratégias eficazes de compreensão de leitura (Colomer, 1991), como afirma a professora que atua na biblioteca com turmas de Educação de Jovens e Adultos:

> Um dos aspectos motivadores na biblioteca é a garantia do contato que o estudante tem semanalmente com obras literárias. Quando me proponho a realizar esse trabalho de leitura no espaço da biblioteca escolar, seria uma forma de garantir uma sistemática de leitura objetivando não só a competência leitora, mas aspectos como o desenvolvimento do senso crítico de cada estudante, a partir do momento em que trabalho com eles o propósito da leitura; quando eles expõem conhecimentos prévios relevantes para o conteúdo em questão; quando há um direcionamento para o que é fundamental no texto; quando se avalia o sentido do texto; quando se percebe que ideia fundamental se extrair do texto; e, por fim, quando se elaboram e provam inferências de diversos tipos com relação ao texto (Isis Fragoso).

Nesse processo, ganha destaque também a produção dos estudantes, que passam a ter na biblioteca, além do acesso à leitura, um espaço para compartilhar sua produção autoral. Conforme defendem as professoras:

> O trabalho da biblioteca vai além de tornar o estudante leitor, visa torná-lo autor das suas construções, criando e recriando a partir de um referencial que lhe é dado, diante dos trabalhos desenvolvidos na biblioteca. Lá eles experimentam a responsabilidade de serem escritores, de produzirem para um público que valoriza e reafirma que eles também podem, desde que queiram, ser construtores de conhecimento (Isis Fragoso).

> Como professora de biblioteca, o objetivo da produção do livro era de dar vez e voz às crianças, pois as histórias nasceram da voz de quem as viveu, sentiu e ouviu; se concretizaram na língua escrita, que agora

> pode ser lida e relida no tempo do leitor, já que essas histórias viraram memórias escritas (Márcia Fontana).

Nas observações desse grupo de professoras, foi possível identificar a existência de vários impressos produzidos no espaço da biblioteca, ora integrando projetos didáticos compartilhados com a sala de aula, ora em ações mobilizadas pela própria professora de biblioteca. Assim, o acervo da biblioteca também era constituído de produções dos estudantes, tanto de natureza ficcional (livros de poesias, de contos, de fábulas) quanto de caráter informativo (panfletos, cartazes, guias, catálogos) (Rosa, 2015).

Por um lado, adota-se uma perspectiva de biblioteca escolar como sala de recursos que apoia a sala de aula:

> Comecei a desenvolver ações pedagógicas em conjunto com os professores das diversas áreas do conhecimento, uma vez que os módulos eram estruturados a partir dessas áreas por meio da realização de projetos interdisciplinares que tinham como produto final uma produção que se integrava ao acervo da biblioteca, a cada culminância (Iris Fragoso).

Por outro, a biblioteca tem objetivos próprios, mais focados em práticas de leitura. Como afirma a professora Iris Fragoso:

> Muitas vezes o professor que tem sua prática na sala de aula, diante de todo o currículo para dar conta, deixa para segundo plano a exploração deste trabalho com a leitura compartilhada. Neste sentido, a professora de biblioteca se torna de grande importância, uma vez que é garantida a continuidade no trabalho com leitura envolvendo diversos aspectos que ela abrange.

Como parte das especificidades do trabalho na biblioteca, foi possível identificar na pesquisa várias ações das professoras de biblioteca que visavam à inserção dos estudantes em circuitos de circulação da cultura escrita, bem como à promoção de uma agenda cultural para a escola como um todo. Desse modo, como afirma a professora Ivana Silva:

> O que observamos hoje parte do pressuposto de uma biblioteca escolar aberta, dinâmica, de livre acesso à leitura e ao conhecimento, voltada também para a produção cultural, trazendo experiências da cultura local para dentro de seu espaço físico e utilizando-as, estrategicamente, na disseminação de conhecimento.

Em suma, verificou-se que as intervenções pedagógicas que distinguem a atuação de professoras em bibliotecas escolares nessa pesquisa podem ser dispostas em três grandes áreas de atuação: letramento literário, conexões com circuitos de mediação do livro e espaço para a autoria e produção de informações. De modo geral, na biblioteca escolar ocorre:

- **Leitura de textos literários**: rodas de leitura, contação de história, sarau poético, conversas sobre textos, disponibilização de acervos, sequências de atividades com gêneros literários, empréstimos;
- **Conexão com mediações culturais do mundo do livro**: agenda cultural na biblioteca, visita a outros equipamentos culturais, encontro com escritores, participação em eventos e concursos literários fora da escola;
- **Espaço para a autoria**: produção de textos e documentos que passam a compor o acervo da biblioteca.

Pelo exposto nessa seção, os dados gerados na pesquisa evidenciaram que o espaço da biblioteca escolar, quando abriga a prática pedagógica de professoras que conferem uma perspectiva educacional àquele equipamento, pode ter seus objetivos focados na formação de leitores.

3. Formação de leitores na biblioteca: o que dizem os mediadores de bibliotecas comunitárias?

Na pesquisa "Bibliotecas comunitárias no Brasil: impactos na formação de leitores" (Fernandez; Machado; Rosa, 2018), realizada no período de 2016 a 2018, foram investigadas as condições de infraestrutura, gestão, acervo, mediação e interagentes de 143 bibliotecas distribuídas em 45 municípios de 16 estados das cinco regiões brasileiras, através da realização de entrevistas, aplicação de questionário e realização de 11 grupos focais[4].

Na compreensão de 139 (97,3%) respondentes dos questionários, bem como, de modo geral, nas falas dos participantes dos grupos focais, as bibliotecas comunitárias contribuem para a formação de leitores. Assim, ao garantir o acesso a livros e a práticas leitoras, as equipes das bibliotecas têm uma finalidade clara de formar leitores.

Quando perguntados sobre as razões que justificam a afirmação de que a biblioteca comunitária forma leitores, as respostas estão situadas em pelo menos três campos: intersubjetivo, político-social e cultural. A maior parte dos impactos sentidos na formação de leitores está na dimensão intersubjetiva, ao deixar marcas na identidade de quem tem a oportunidade de conviver na biblioteca, em particular, ao inserir os interagentes da biblioteca comunitária em práticas de leitura e escrita até então ausentes em suas experiências. Ao apontar impactos culturais, as justificativas dadas situam-se no campo da própria existência do dispositivo que é a biblioteca, ao reconhecer que ela oferece um conjunto de práticas, envolvendo a cultura letrada, inexistentes em outros espaços de convivência daquelas localidades. Por fim, são indicados impactos na esfera política e social, que asseguram o direito coletivo de acesso aos acervos, até então subtraído dessas populações, contribuindo para reverter seu contexto de exclusão aos bens simbólicos.

Quanto às mudanças nos frequentadores das bibliotecas, em 44,8% das justificativas apontadas aparece o reconhecimento de alguma mudança nas maneiras como crianças, jovens e adultos que frequentam a biblioteca leem e se relacionam com livros.

Nesse conjunto de respostas, encontramos, por parte dos respondentes, a identificação de diferentes aspectos observados no comportamento leitor. Em algumas respostas, destacam-se habilida-

[4] Nesta seção, as bibliotecas pesquisadas estão identificadas por códigos, com as iniciais do estado federativo onde a biblioteca está situada, seguidas de uma numeração ordinária. Os grupos focais estão indicados pela sigla "GF", seguida também de uma sequência numérica.

des ou competências (posicionamento crítico, aprender a ler), atitudes (hábito leitor, interesse) e motivações (dedicação, gosto pela leitura). Também recolhemos relatos que expressam que os leitores na biblioteca comunitária manifestam maior autonomia, desenvolvimento de habilidades expressivas, enriquecimento do vocabulário, da capacidade de argumentação e também melhor desempenho escolar. Algumas falas destacam como a biblioteca forma leitores:

> Porque percebemos a mudança no posicionamento crítico e social do leitor. Através da leitura, o leitor aprende a conhecer seus direitos, ampliando assim sua percepção crítica em relação à sua realidade (CE01).

> Porque observamos que os leitores da biblioteca adquiriram o gosto pela leitura, e pelo aumento de empréstimos de livros. Algumas crianças aprenderam a ler. Contribuindo assim para a formação do leitor através do acesso ao livro de boa qualidade, como também através das atividades, mostrando a leitura como algo prazeroso (CE02).

São apontadas ainda repercussões no campo do letramento literário, com destaque para a familiaridade com livros, a manifestação de gostos e escolhas e a vivência imaginativa:

> Maior conhecimento sobre livros, gêneros literários, técnicas de ilustração, diversificação da leitura, busca de títulos que a biblioteca não possui e que demonstra o interesse desse leitor em procurar novas leituras. As tramas de livros preferidos sendo tema das rodas de conversas com os amigos, a divulgação da biblioteca para amigos e familiares demonstrando o espaço da biblioteca como uma referência para a pessoa (MG02).

> Eles se tornam mais seletivos na escolha de livros; opinam e expõem criticamente suas opiniões sobre o acervo (CE02).

Além da dimensão intersubjetiva, quando justificam por que consideram as bibliotecas comunitárias como instância de formação de leitores, em 41,3% das respostas apareceram justificativas que ressaltam o papel formativo da biblioteca e/ou elencam atividades realizadas pelos mediadores de leitura, apontando o papel da biblioteca como dispositivo de apropriação cultural (Certeau, 2008; Gomes,

2014), já que "[a]s atividades desenvolvidas (*slam*, *rap*, sarau, formações, grupos de estudo etc.) fazem que o público busque o acesso ao livro" (SP14).

Por fim, ao justificarem por que e como a biblioteca comunitária contribui para a formação de leitores, 39,2% das pessoas que responderam ao questionário afirmaram que ocorrem mudanças na comunidade devido à existência da biblioteca, destacando seu papel político e sua relevância social, especialmente no que concerne à garantia do acesso ao livro e à leitura. Assim, depoimentos como os registrados a seguir apontam nessa direção, principalmente para o reconhecimento da biblioteca comunitária como lugar que ocupa quase exclusivamente, nos territórios onde se localiza, a função de garantir que o livro impresso chegue a comunidades sem esse acesso.

> Numa comunidade como a nossa, em que, além da escola, inexiste lugar/espaço em que se fale em livros e leitura, então, a realidade do sertão é que não há trabalho de incentivo à leitura. As famílias não têm hábito de comprar livros, ter livros como parte do cotidiano e/ou sua presença nas residências. Então, ter um espaço como o nosso (e que é raro) numa comunidade rural e ter uma dinâmica como fazemos, eu só posso acreditar que contribui para se ter uma comunidade leitora (...) um número significativo de pessoas que não são mais indiferentes ao livro (DCE01).

> Pra mim [a biblioteca] é um espaço de resistência e diálogo, não é só um espaço de empréstimo. É um espaço de formação, de informação sobre direitos, cumpre também uma função política (GF8).

A formação de leitores na biblioteca comunitária também se manifesta em condutas dos frequentadores do espaço, que passam a atuar como mediadores, compartilhando leituras e mobilizando outras pessoas para se envolverem em eventos de leitura. A ação multiplicadora dos interagentes aparece em ações como:

> Passam a conversar com os outros sobre livros, visitam a biblioteca acompanhados dos pais. Já recebemos relatos de crianças que chegam em casa e colocam a família em roda pra fazer a mediação, como viram na biblioteca (MG06).

> Conhecem a maior parte do acervo; compartilham as leituras realizadas; divulgam a biblioteca (MA08).

> Eu já estou aqui há sete anos, vim como voluntária, ganhei um contrato pra fazer limpeza, manter limpo e organizado o espaço; comecei a frequentar o círculo de leitura e me tornei mediadora de leitura (GF03).

Assim, vários depoimentos colhidos na pesquisa apontam para dimensões em que a biblioteca intervém em sua comunidade e mobiliza ações voltadas para a formação de leitores.

4. Algumas reflexões finais sobre bibliotecas e formação de leitores

As bibliotecas, quando entendidas como dispositivos de apropriação cultural, podem promover ações que contribuam para a formação de leitores em seu letramento literário. Isso ocorre quando elas promovem o acesso diversificado à literatura, num ambiente acolhedor em que leitores se sintam à vontade entre os livros. Nas bibliotecas, são formadas comunidades de leitores que leem juntos, conversam sobre o que leem, indicam leituras, compartilham opiniões e também produzem textos autorais. Ali, acontecem ainda diversas manifestações culturais e são oferecidas atividades sistematizadas e contínuas direcionadas para o desenvolvimento da competência literária. Além disso, realizando ações de educação literária, as bibliotecas contribuem para

> que as novas gerações incursionem no campo do debate permanente sobre a cultura, na confrontação de como foram construídas e interpretadas as ideias e os valores que a configuram. Por conseguinte, trata-se de desenvolver uma capacidade interpretativa, que permita tanto uma socialização mais rica e lúcida dos indivíduos como a experimentação de um prazer literário que se constrói ao longo do processo. O aprendizado, então, se concebe centrado na leitura das obras (Colomer, 2007, p. 29).

As mediações de leitura e outros encontros singulares nos espaços das bibliotecas podem criar, para seus frequentadores,

> uma margem de manobra ante os determinismos sociais e familiares (...) Para eles, [as bibliotecas] eram um verdadeiro salva-vidas, uma segunda oportunidade que lhes permitiu compensar uma parte das desvantagens socioculturais que obstaculizam seu desenvolvimento (Petit, 2008, p. 156-157).

Assim, as bibliotecas, em alguma medida, apontam para a existência de contextos que favorecem a formação leitora, em ambientes escolares ou mesmo em situações de vulnerabilidade social — como nas bibliotecas comunitárias.

Por fim, formar leitores na biblioteca pode significar, em vários contextos, reverter experiências negativas em relação à cultura escrita, reforçadas quando se divulgam, na mídia, estudos indicando o perfil de brasileiros como sendo "não leitores".

Referências

ALVES, M. *Práticas leitoras e informacionais nas bibliotecas comunitárias em rede da Releitura-PE*. Dissertação. UFPE, 2017.

BRASIL. Ministério da Cultura. *Plano Nacional do Livro e da Leitura*. Brasília, 2010.

BRASIL. Ministério da Educação. Secretaria de Educação Básica. *Programa Nacional Biblioteca da Escola (PNBE)*: leitura e bibliotecas nas escolas públicas brasileiras. Andréa Berenblum e Jane Paiva (elaboração). Brasília, Ministério da Educação, 2008.

BONILLA, E. Logro acadêmico y bibliotecas escolares: estúdios cualitativos y cuantitativos. In: BONILLA, E.; GOLDÍN, D.; SALABERRIA, R. (org.). *Bibliotecas y escuelas*: retos y desafíos en la sociedad del conocimiento. Barcelona: Editorial Océano, 2008, p. 52-76.

BONILLA, E.; GOLDÍN, D. Libros de la escuela al hogar: un camino de ida y vuelta. In: BONILLA, E.; GOLDÍN, D.; SALABERRIA, R. (org.). *Bibliotecas y escuelas*: retos y dasafíos en la sociedad del conocimiento. Barcelona: Editorial Océano, 2008, p. 108-140.

BONILLA, E.; GOLDÍN, D.; SALABERRIA, R. (orgs). *Bibliotecas y escuelas*: retos y desafíos en la sociedad del conocimiento. Barcelona: Editorial Océano, 2008.

CAMPELLO, B. S. *Letramento informacional*: função educativa do bibliotecário na escola. Belo Horizonte, Autêntica, 2009.

CERTEAU, M. *A invenção do cotidiano 1*: artes de fazer. Petrópolis: Vozes, 2008.

CHARTIER, R. *Inscrever e apagar*: cultura escrita e literatura (séculos XI-XVIII). São Paulo: Editora UNESP, 2007.

COLOMER, T. De la enseñanza de la literatura a la educación literaria. In: *Comunicación, Lenguaje y Educación*, n. 9, 1991, p. 21-31.

COLOMER, T. *Andar entre livros*: a leitura literária na escola. São Paulo: Global, 2007.

COSSON, R. *Letramento literário*: teoria e prática. São Paulo: Contexto, 2009.

DICKINSON, D. K.; GRIFFITH, J. A.; GOLINKOFF, R. M. How Reading Books Fosters Language Development around the World. In: *Child Development Research*, v. 2.012, p. 1-15.

FERNANDEZ, C.; MACHADO, E.; ROSA, E. C. *O Brasil que lê*: bibliotecas comunitárias e resistência cultural na formação de leitores. Olinda: CCLF, Brasil, RNBC, 2018.

GOMES, H. A biblioteca pública e os domínios da memória, da mediação e da identidade social. In: *Perspectivas em Ciência da Informação*, v. 19, n. especial, p. 151-163, out./dez. 2014.

IBGE. *Perfil dos estados e dos municípios brasileiros*: cultura. 2014. Rio de Janeiro: IBGE, 2015.

KULTHAU, C. *Como usar a biblioteca na escola*: um programa de atividades para o ensino fundamental. Belo Horizonte: Autêntica, 2004.

MACHADO, E. C. Análise de políticas públicas para biblioteca no Brasil. In: *InCID: R. Ci. Inf. e Doc.*, v. 1, n. 1, Ribeirão Preto, 2010, p. 94-111

PERROTTI, E. Entre a falta e o excesso de informação. In: *A aventura de conhecer*. Salto para o futuro. Ano XVIII, boletim 15, setembro de 2008. Ministério da Educação. Secretaria de Educação a Distância. Brasília, 2008, p. 3-10.

PETIT, M. Un espacio de encuentros singulares: voces de lectores y bibliotecarios. In: BONILLA, E.; GOLDÍN, D.; SALABERRIA, R. (org.). *Bibliotecas y escuelas*: retos y desafíos en la sociedad del conocimiento. Barcelona: Editorial Océano, 2008, p. 153-179.

PETIT, M. *Leituras*: do espaço íntimo ao espaço público. São Paulo: Editora 34, 2013.

PIMENTA, Selma Garrido. *Pesquisa em educação*: alternativas investigativas com objetos complexos. São Paulo: Loyola, 2006.

ROBLEDO, B. H. Una cartografía inconclusa: la realidad de las bibliotecas escolares en nuestros países. In: BONILLA, E.; GOLDÍN, D.; SALABERRIA, R. (org.). *Bibliotecas y escuelas*: retos y desafíos en la sociedad del conocimiento. Barcelona: Editorial Océano, 2008, p. 15-30.

ROSA, E. C. S. A professora na biblioteca escolar: identidade e práticas de ensino na formação de leitores. In: MARCUSCHI, B.; LEAL, T. F. (org.). *Estudos sobre educação e linguagem*: da educação infantil ao ensino médio. Recife: Ed. Universitária da UFPE, 2011, p. 277-300.

ROSA, E. C. S. Ler e escrever no cotidiano escolar. Há lugar para a biblioteca?. In: BRITO, A. T.; ROSA, E. C. S. *O fazer cotidiano na sala de aula*: a organização do trabalho pedagógico no ensino da língua materna. Belo Horizonte: Autêntica, 2012, p. 65-84.

ROSA, E. C. S. Jovens e adultos produzindo o acervo da biblioteca escolar a partir da intervenção pedagógica de uma professora. In: DE CHIARO, S.; MONTEIRO, C. E. (org.) *Formação de professores*: múltiplos olhares. Recife: Editora UFPE, 2015, p. 53-74.

SANTOS, F.; MARQUES NETO, J. C.; RÖSING, T. M. K. *Mediação de leitura*: discussões e alternativas para a formação de leitores. São Paulo: Global, 2009.

SISTEMA NACIONAL DE BIBLIOTECAS PÚBLICAS (Brasil). *Diretrizes*: tipos de bibliotecas. Brasília: SNBP, 2012. Disponível em: https://cutt.ly/8jI9Fl2.

O livro, a leitura, o(a) escritor(a) e a escola: cenas e polêmicas contemporâneas da leitura literária[1]

Ana Elisa Ribeiro

1. Breves considerações

Não é simples tratar da formação de leitores. Também não é simples abordar o texto literário em suas nuances e em seu consumo. A discussão sobre o que é o literário permanece inconclusa, e aqui tocarei apenas a ponta do *iceberg*, considerando que a literatura possa ser o que María Teresa Andruetto (2012) propõe: "A escrita é um modo de ordenar o mundo, e é a forma como as palavras se entrelaçam que dá textura à língua". É essa textura que me interessa, essa textura inexplicada e que fala à nossa sensibilidade. Creio na textura que faz de um texto uma peça literária e, ainda mais, na formação do leitor de todos os textos, inclusive esses de textura artística, que resistem *na* e *à* escola, a um só tempo. No mesmo instante em que o literário em muito depende da agência de letramento escolar (Kleiman, 1995) para sobreviver às décadas e aos séculos, ele também é ali rechaçado e silenciado, especialmente quando incomoda e quando espanta. Que espaço ambíguo é esse, então?

Andruetto (2012, p. 154-155) traz a complexa questão à tona:

[1] Este texto foi produzido para uma mesa do II Ciclo de debates do GEPEALE: Literatura na Escola, na Universidade Federal de São João del-Rei, em março de 2018. Agradeço à Fapemig (APQ-00021-18).

> [S]ó os bons livros persistem no tempo, de tal forma que, sabendo esperar, é muito provável que um bom livro acabe recompensando de diversas maneiras seu autor e seu editor. Como se sustenta, então, a literatura? A partir de que lugar preservá-la do avanço mercantil e da claudicação humana, senão de um lugar ético para o escritor e para o editor e a partir de uma capacitação intensa dos leitores/mediadores? A quem convém a literatura e para que sustentá-la? A experiência da leitura (como a da escrita) é um dos últimos redutos da liberdade que o homem tem.

Não sei se é possível concordar sem restrições com a ideia de que os bons livros resistam ao tempo — questão de esperar, segundo a autora —, como numa espécie de processo de decantação; nem sei se isso quer dizer que todo bom livro emergirá, nem, por outro lado, não sei se é possível afirmar que todo livro que sobreviveu ao tempo seja bom. Muitos elementos e mecanismos atuam para que certas obras atravessem as décadas, enquanto muitas outras, que também podem ser boas, submergirão, ao não resistir a pressões e apagamentos de diversa natureza. E nem sempre a ética explica a emersão de alguns textos. No entanto, vou concordar com o que há de mais tocante neste trecho de Andruetto: a leitura como reduto da liberdade.

Quisera eu que fosse assim, que toda leitura fosse livre, que todos fossem livres para ler e, antes, para escrever. Mas os casos que narrarei mais adiante tratam mais da interdição do que da escolha livre. Em mais um trecho importante, Andruetto (2012, p. 124) afirma:

> A literatura *light*, feita *à la carte*, para ensinar valores ou para divertir, assim como a literatura politicamente correta, é uma forma persistente de conservadorismo político e social. Novas e sofisticadas formas do discurso conservador, que, entre outras estratégias, seleciona aquilo que lhe permite sustentar o *status quo*, ocupando-se de temas e aspectos que supostamente são de preocupação social, num recorte de brutal superficialidade.

Enquanto o que a autora chama de "literatura *light*" grassa no mercado editorial, sustentando discursos conservadores e impedindo leituras mais deslocadoras e incômodas, a literatura (sem adjetivos) resiste às investidas de instituições e mecanismos que pretendem interditá-la ou silenciá-la, muito embora um aspecto do texto literário seja exatamente sua resiliência. Ele sempre ressurge mais forte.

Vejamos alguns casos recentes e conhecidos que relacionam a leitura, a literatura e o leitor, em embates que mesclam os espaços da escola e da mídia, restringindo não apenas a liberdade de ler, mas também a de escrever.

2. Alguns casos

Já no século XXI, mais precisamente em 2012, o renomado e disputado Colégio de Aplicação da Universidade Federal de Viçosa, em Minas Gerais, indicou ao seu processo seletivo de 2013 a leitura de um livro do escritor paranaense Dalton Trevisan. *Violetas e pavões* (2009) foi considerado pela imprensa local "polêmico", mas também "chulo" e "pornográfico". A isso seguiu-se a reação de parte da sociedade, além dos veículos de comunicação, como também o despertar dos próprios estudantes da escola e de outros setores da comunidade contra o que foi considerado censura[2].

Enquanto uns alegavam que o livro deveria ser excluído do processo seletivo porque abordava temas "inadequados" para os adolescentes, outros consideravam fundamental que assuntos como sexo, drogas e violência fossem tratados pela escola e, acima de tudo, que essa literatura atual fosse conhecida e abordada. O caso rendeu páginas de polêmica, mas, afinal, Trevisan não foi indicado para leitura. Tal fato, no entanto, não significa que o autor não tenha sido lido — e talvez mais lido — fora dos muros da escola.

Mais recentemente, em 2018, a obra *Omo-Oba: histórias de princesas*[3], de autoria de Kiusam de Oliveira, com ilustrações de Josias Marinho, publicada pela editora Mazza, de Belo Horizonte, foi ques-

[2] É possível encontrar uma narrativa sobre o caso na *Veja* (Kusumoto, 2012), no blog *Ecos da Periferia* (Marcolino, 2012) e mesmo ver a moção de apoio à medida da UFV por pessoas que queriam a retirada do livro (é interessante observar os motivos expostos no documento constante no *site* Petição Pública): https://cutt.ly/hjI9H3t.

[3] Trata-se de um livro que narra histórias e mitos de princesas africanas, infelizmente pouco conhecidos no Brasil. Para visualizar um *livroclip*, ver no YouTube: https://cutt.ly/1jI9KNt.

tionada por um grupo de pais de uma escola do Sesi no interior do estado do Rio de Janeiro. A instituição esboçou voltar atrás na adoção da obra, mas a reação contrária de algumas mães, a favor do livro, acabou prevalecendo e encorajando a postura do Sesi por sua adoção, bem como pela discussão de temas ligados à cultura negra.

Cerca de dois anos antes desse episódio no Rio de Janeiro, um grupo de pais de uma escola privada de Belo Horizonte condenara a adoção da clássica obra *A marca de uma lágrima* (1985), de Pedro Bandeira, adotada para adolescentes há décadas, antes sem problemas. Repentinamente, o texto passou a ser considerado inadequado e mesmo erótico para adolescentes do final da segunda década do século XXI.

Casos como esses têm sido comuns em escolas, afetando especialmente os professores que lidam diretamente, em qualquer etapa escolar, com a literatura[4]. Indicações de livros, leitura de textos, exercícios, provas e pesquisas são seguidos de episódios que envolvem nervosas reuniões de pais, acaloradas discussões entre colegas e, não raro, a exclusão de obras literárias, que podem ir do clássico romântico *Lucíola* (por ter uma prostituta como protagonista) a Hilda Hilst, conhecida como nossa mais ilustre pornógrafa.

3. A literatura impossível e mais um caso

Olhando esse espectro, é possível afirmar que é impossível ensinar literatura de fato; é impossível, portanto, aprender literatura com honestidade. Mesmo que o tempo passe, as pessoas vivam em

[4] De 2018, ano do evento na UFSJ, até a editoração deste livro, muitos outros casos semelhantes envolvendo livros, autores/as e conservadorismo infelizmente aconteceram no Brasil. Entre alguns exemplos que ganharam as páginas dos jornais, houve reação a uma obra literária no prestigiado Colégio Santo Agostinho, em Belo Horizonte, com forte reação contrária (ainda bem). Houve polêmica com um texto do escritor e humorista Gregório Duvivier num tradicional colégio da capital mineira; a escola chegou a cancelar uma prova em resposta a alguns pais, mas uma reação de maior intensidade veio a favor da leitura e da liberdade. Também ocorreu o caso de um político em franco ataque a um dos livros da poeta gaúcha Angélica Freitas, além do cancelamento de atividades de outras escritoras, como a também gaúcha Luísa Geisler, que teve um livro perseguido em uma feira literária. Autoras consagradas como Lygia Bojunga Nunes e Ana Maria Machado também não escaparam à sanha obscurantista de muitos. Quando este livro vier a público, infelizmente, outros casos talvez tenham ocorrido, por todo o país, e tem sido impossível acompanhar a escalada de um conservadorismo tão assustador quanto burro.

cidades e ambientes violentos ou lidem com o sexo muito de perto, nas redes sociais ou na música que escolhem (ou não escolhem...) ouvir, a literatura continua incomodando mais do que a TV, os jornais, as novelas ou a música popular.

Para citar outro caso recente, em maio de 2015, após um evento literário em uma cidade da Região Metropolitana de Belo Horizonte (MG), nova polêmica se instaurou quando os pais de alunos de 5º ano do ensino fundamental de uma escola pública enfureceram-se com o material que o colégio pediu que seus filhos lessem. Tratava-se de poemas classificados pela imprensa como "eróticos", "pornográficos" ou de "incitação à violência". A vice-diretora do estabelecimento assumiu a "falha" e confessou ter copiado e distribuído os textos sem, antes, tê-los lido. O "acidente" foi noticiado em cadeia nacional por dois dias, incessantemente, inclusive insinuando a culpa da autora dos textos.

De fato, o poema "Ciuminho básico", de minha autoria, não fora escrito para crianças, mas também não me parece ainda um poema "erótico", menos ainda "pornográfico". No entanto, o emprego de "palavrões" (denominações populares de partes do corpo humano), condenados com ironia pela angelical apresentadora de um jornal da RedeTV, foi motivo suficiente para a classificação dos textos como pornografia[5]. Além disso, os versos foram chamados de "sórdidos" e "cabeludos" pela apresentadora de outro jornal do SBT local (TV Alterosa), na hora do almoço dos trabalhadores mineiros[6].

---

[5] No Facebook, nos mesmos dias, publiquei um poema de fato erótico, antes editado no respeitado jornal *Suplemento Literário de Minas Gerais* (2014), em que não emprego sequer um palavrão. É possível encontrá-lo aqui: https://cutt.ly/YjI9CRk, assim como todas as edições deste excepcional e longevo periódico literário.

[6] É possível encontrar vídeos e textos sobre o caso na internet, embora eu tenha preferido esquecê-lo, coisa quase impossível hoje em dia. Na época, o portal PublishNews deu voz à autora (Ribeiro, 2015), assim como a Câmara Mineira do Livro (Ribeiro, 2015a). A imprensa não se decidiu ainda sobre dar voz ao conservadorismo, provocando falsas polêmicas efêmeras, mas intensamente perversas, ou auxiliar na educação de pessoas que mal têm noção do que sejam a leitura, a leitura literária e o livro literário no país. Deste modo, ao mesmo tempo que gasta páginas com entrevistas e perfis de autores(as), presta o desserviço de desinformar parte não desprezível de uma população que poderia se aproximar mais do livro e da leitura.

Um dos textos "informativos" sobre o caso assim o tratou (os destaques são meus, a mostrar elementos que poderiam suscitar perguntas como *quem são os responsáveis considerados?* ou *o que é o erótico?* etc.):

> Uma dirigente escolar **foi apontada como a responsável** pela distribuição de um **poema erótico** a alunos da 5ª série do ensino fundamental da cidade de Santa Luzia, situada na região metropolitana de Belo Horizonte. O caso levou alguns pais de alunos a procurarem a direção da Escola Municipal Jaime Avelar de Lima, situada no bairro Bom Destino.
>
> Conforme T. T. C., irmã de um aluno e que pediu para não ser identificada, o fato ocorreu no dia 28 do mês passado, quando **o conto** teria sido retirado de uma página na internet e cópias **teriam sido** feitas.
>
> O texto intitulado "Ciuminho Básico" traz **palavras populares** atribuídas a partes íntimas do corpo humano.
>
> Segundo a irmã do aluno, a folha contendo o texto foi colada nos cadernos dos estudantes, que supostamente foram orientados a fazer em casa um exercício sobre ele. "Uma das mães viu o caderno do filho dela e ligou para a minha mãe **alertando sobre as palavras chulas** que estavam escritas nele. Quando eu li o texto, **fiquei horrorizada**", disse a jovem.
>
> Ainda de acordo com a irmã, alguns pais procuraram a direção da escola e supostamente teriam sido orientados a **"abafar" o caso**. "É um absurdo **isso** ter sido entregue a crianças de 10 anos. Nós ficamos horrorizados ainda mais por saber que as crianças leram o poema em voz alta dentro de sala de aula. **Alguma punição os responsáveis** têm que ter", disse.
>
> O irmão de T. T. C. disse a ela que **ficou assustado** com o teor do poema e por ele ter sido distribuído dentro da escola onde estuda. "Ele ficou bastante assustado e sem entender o motivo pelo qual a escola estava dando aquele tipo de atividade", afirmou.
>
> Em nota, a Prefeitura de Santa Luzia informou que será instaurado um processo administrativo **disciplinar** "para apuração de responsabilidades e eventual demissão da servidora", que não teve o nome divulgado.
>
> Ainda de acordo com o texto, a instauração do processo poderá resultar, com base na avaliação da comissão disciplinar, no "afastamento provi-

> sório da servidora". O UOL tentou contato com a escola, mas ninguém atendeu nos números indicados (Bragon, 2015 — UOL São Paulo).

No Portal R7, da Rede Record, a chamada que servia para mostrar a matéria de um jornal televisivo mineiro era: "Poema erótico **assusta** crianças de escola na Grande BH" (destaque também meu).

Já no *Diário OnLine*, em um texto sem autoria atribuída, registra-se:

> **Poema erótico pode levar à demissão de funcionária**
>
> A vice-diretora de uma escola municipal em Santa Luzia, região metropolitana de Belo Horizonte, pode ser demitida depois de dar um poema de cunho erótico para os alunos da 5ª série.
>
> O caso aconteceu na Escola Municipal Jaime Avelar de Lima. Com a ausência da professora em sala de aula, a vice imprimiu o poema "Ciuminho", da autora Ana Elisa Ribeiro, aos alunos na última terça-feira (28).
>
> Pais reclamaram do conteúdo do texto à Secretaria Municipal de Educação, que agora investiga o caso.
>
> A prefeitura do município disse, em nota, que instaurou um processo administrativo disciplinar para apurar o caso e informou que a servidora poderá ser afastada temporariamente do cargo ou demitida.
>
> **Fonte:** https://cutt.ly/gjl9M4C.

Notáveis, neste último relato, a *culpa* do poema pela provável demissão da funcionária, já no título, a ausência de quaisquer outros nomes de pessoas, com exceção do nome da autora do texto distribuído e também o foco na demissão de uma professora.

4. Da encenação de mais um "escândalo" literário

O horror de muitos foi saber que a escola exigia de seus alunos a leitura de uma literatura sórdida, contemporânea, pouco qualificada. *Logo a escola.* A professora alegara ter entregado textos sem leitura prévia, o que a desqualificava completamente, cabendo, inclusive, um processo administrativo e sua consequente exoneração, o que de fato ocorreu[7]. O desleixo e a falta de preparação da educadora foram vastamente noticiados, enquanto a autora dos textos ganhava "fama" de pornógrafa ou de "seguidora de *50 tons de cinza*". Nos comentários às matérias de jornal na internet, surgiam "leitores" que questionavam a própria literatura contemporânea, bradando "isto não é literatura" ou generalizando que "toda a literatura contemporânea é lixo".

Artistas e educadores dos quatro cantos do país, no entanto, mandavam mensagens de apoio à poeta, publicavam poemas inspirados no episódio, criavam *hashtags* relativas ao caso (#somostodossórdidos) e correntes de publicação coletiva de poemas eróticos.

Os ecos positivos também existiram, isto é, novos leitores fazendo contato, livros da autora disponíveis para *download* com alto acesso e algumas entrevistas que esclareciam o caso e discutiam aspectos da cobertura midiática equivocada e pobre, além de um olhar urgente sobre o ensino de literatura nas escolas de ensino básico.

Mas do que mesmo estamos falando? Que elementos compõem esse grande incômodo? Como podemos abordar a escola e o ensino de literatura a partir desses elementos? É possível ensinar literatura na escola? O que chamamos de "formação de leitores"? O que é "letramento literário"? A pouca leitura literária afirmada e reafirmada por pesquisas, no Brasil, tem relação com esses fatos? As tecnologias digitais amplificam essas questões, em alguma medida? O que, enfim, um texto literário tem que o torna o estopim dessas "revoltas", aqui e ali? Que efeitos esse tipo de ocorrência de fato tem para escritores e escritoras? A ideia de um letramento literário leva em consideração situações como as que vimos tratando aqui?

Dessas perguntas todas, pouco há para responder. O incômodo com a literatura circulante é fato. Os pequenos escândalos ligados a

[7] Um documento da Procuradoria Municipal de Santa Luzia (MG) a que tive acesso acusa as professoras de não zelarem por seus alunos, inclusive de os ofenderem, além de afirmar "flagrante e confesso desrespeito" à formação dos valores daquelas crianças. Embora caiba de fato a discussão sobre o ocorrido, a autora dos textos tem também sua poesia desqualificada, servindo de ferramenta para a punição das docentes.

livros de autores vivos geram reações que vão da criação de pequenos núcleos de fãs à execração pública — mas geralmente efêmera — de escritores que tentam se destacar no difícil mercado editorial brasileiro. Uma das reações possíveis a tais fatos é a opção de muitas instituições por indicar a leitura apenas de autores mortos e/ou consagrados, evitando, assim, o debate vivo e pulsante sobre este ou aquele verso. Daí outra formulação: assume-se, então, que o papel da escola seja calar a literatura da sujidade, do ruído, da violência, do mundano? E que papel é esse? Formar que leitores? Leitores de quê?

5. Do autor e outros demônios

A figura controversa do autor — e mais controversa ainda da *autora* — transforma-se em um misto de demônio e salvador. Enquanto a publicação de um livro literário segue sendo o "sonho" de muita gente, inclusive de quem pouco se dedica à escrita, o alcance de uma autoria mais conhecida ou celebrada vem acompanhado, talvez, do medo das palavras.

O que vimos chamando de redes editoriais (Ribeiro, 2014) tem seus mecanismos de legitimação[8], além da própria existência da obra, quais sejam: as turnês que seus autores fazem, dando palestras e participando de eventos; as feiras, os salões e as festas literárias; antologias; a indicação de seus livros a prêmios ou selos; entre outros. Nada disso, no entanto, pode garantir a perenidade do nome e do livro em algum cânone máximo.

Os discursos sobre o leitor e a leitura, especialmente, de literatura são alarmantes, sob a afirmação de que "o brasileiro não lê" ou "lê pouco", enquanto campanhas nacionais e regionais propagam a ideia de que quem lê basicamente "viaja", "diverte-se" ou "distrai-se". Pesquisas aparecem nos jornais e mostram que a época em que mais se lê na vida é o tempo escolar. Então, o que seria formar leitores, se eles não se mantêm pós-escolarização básica? Que leitor formamos,

[8] Há uma discussão inicial sobre esses mecanismos de legitimação em Domingues e Vieira (2014).

normalmente, num esquema excessivamente filtrado? De que vale formar um leitor pouco diligente?

A ideia — talvez mais produtiva — de que quem lê aprende, reformula e se inconforma raramente aparece. No entanto, é importante também assumir que ela seja apenas outro discurso sobre o que a leitura pode provocar. Um discurso que, aliás, prefiro.

Na esteira do que ocorreu há séculos, na história da escrita, quando a autoria declarada de uma obra era fundamental para a captura e punição do autor, um jornalismo despreparado e claramente pouco afeito à literatura recente mantém o desserviço de julgar e condenar os escritores por terem feito seu trabalho, qual seja, o de dar novas texturas, trabalhar enredos com a linguagem, de preferência, tirando-a do comum ou fazendo emergir dela sentidos pouco domados — e domáveis —, tornando o texto uma oportunidade de deslocamento, espanto e reflexão.

A culpa é do autor. O leitor é uma vítima indefesa e não pode escolher. A escola é um espaço sacralizado, puro, avesso à impureza e ao debate honesto. A sociedade não está preparada para a palavra e sua força, fora de parágrafos insípidos ou inofensivos, ao menos. O poder público, incluindo a escola pública, assume uma posição medrosa, quase pedindo desculpas por deixar passar coisas que essas pessoas não devem ler. Ou deveriam, mas não poderão.

6. Nova paisagem comunicacional

O que novos dispositivos podem fazer com tudo isso? Certamente, não melhorarão aspectos que baseiam essas contendas. Serão, quando muito, apenas os apetrechos de velhas rinhas.

Novos dispositivos — consideremos computadores compactos, incluindo smartphones — estão nas mãos de (quase) todos. Se não forem ofertados pelos pais, em qualquer data comercial, terão sido entregues pelo poder público, de alguma esfera, como parte de projetos de inclusão digital que visam, alega-se, à inclusão também social dos desprovidos. Daí não ser difícil encontrar, em escolas precárias, uma sala com *tablets* onde se pode entrar na internet, se alguém liberar as senhas.

A literatura contemporânea sabe disso. O caso da poesia é ainda mais incontido, já que esse gênero circula em maior velocidade e de mais modos. Dos livros para as telas é um pulo, isso quando os poemas já não nascem e vivem digitais.

A primeira ausência de filtro de um problema como esses é a falta de uma prática mais sistemática de pesquisa na web. Qualquer criança ou adolescente, nos dias de hoje, se dispuser de um aparelho com acesso à internet, poderá encontrar o texto ou o vídeo que quiser para ler/ver. Sem escola, sem pais, sem professor, sem diretor.

O dentro e o fora da escola são, na atualidade, muito mais distantes do que já foram. O trabalho de sistematização da leitura e da literatura passa, então, ao largo do que deveria, segundo meu ponto de vista. Se não se pode ler sem mediação e se a mediação não está lá quando é solicitada, o que estamos fazendo?

Ainda: por mediadores, compreendo muito mais do que professores de escola básica. Todos somos mediadores, desde que tenhamos sido leitores com senso de exploração e abertura ao conhecimento. Um leitor excessivamente dirigido não conseguirá sair de si mesmo para encontrar o outro. E enquanto não conseguirmos enxergar o outro, não haverá respeito em nenhuma sociedade.

A mediação bem-feita pode transformar o transtorno em transbordamento. Foi o que tive a alegria de presenciar, em 2018, em uma escola estadual no interior de Pernambuco, quando de uma visita promovida por um projeto literário nacional do Sesc. Para minha surpresa, estavam colados nas paredes dos corredores poemas e desenhos de alunos de séries finais do ensino fundamental. Entre os textos ilustrados, estava o mesmo "Ciuminho básico", agora devidamente analisado, trabalhado, discutido e transformado na produção dos estudantes. Conversei com o professor responsável e quis conhecer as três alunas que assinavam o cartaz. Esse episódio, de certa forma, devolveu-me a esperança de que a literatura possa ser abordada em sala de aula, assumindo-se os riscos de todo debate e espanto inicial que o conhecimento traz. E, por que não pensarmos também: qual é o problema de ler um texto ruim ou de simplesmente desistir de um texto/livro, um dia? Está em xeque a diligência do/a leitor/a, na esteira das ideias libertárias de Daniel Pennac (1997) sobre a leitura.

7. Cena contemporânea

A cena literária contemporânea é formada por toda a rede que tem, em uma de suas pontas, um livro — seja ele de papel ou não. Escritores, editores, livreiros, distribuidores, críticos, leitores — todos mantêm seus papéis, muito embora possam ter se deslocado para pontos menos ou mais firmes desse espectro da edição.

Na atualidade, quem publica livros pode ser qualquer um de nós. A autopublicação ganhou ares profissionais, já que os livros podem ter qualidade gráfica igual à de grandes casas editoriais. No entanto, a escalada em busca do prestígio e mesmo da celebrização é dura.

O começo de tudo continua sendo o original, isto é, o texto formulado por um autor que o propõe para publicação. E quem precisa de um editor? Parece manter-se um eixo de prestígio, por meio do qual alguém poderá alcançar certo respeito e mesmo leitores, e outro, um eixo paralelo, que atuará quase que por nichos, fazendo emergir celebridades que terminarão por transbordar (quem sabe?) até parar no primeiro eixo, afinal. Assim é com escritores de blogs que fazem sucesso e, confirmada sua legitimação, tornam-se autores de livros impressos, em editoras também legitimadas e reconhecidas.

8. De novo, a escola

Um dos velhos espaços de consagração e legitimação da — ou de certa — literatura é a escola. Sem ela, seria muito mais difícil que gerações e gerações de não leitores ao menos soubessem quem foi certo autor, especialmente se ele não aparece em nenhuma outra disciplina (como um Inconfidente ou um parceiro de algum Presidente da República).

Se raramente a qualidade literária pode ser discutida — em qualquer espaço, mais até na escola —, imagine-se em outros espaços dos quais se espera ainda menos discussão? As listas canônicas que chegam às crianças, via livros didáticos (livros que legitimam outros)[9], por exemplo, já chegam prontas e, geralmente, destaque-se, fazem o apagamento das escritoras de qualquer tempo — embora isso tenha sido menos frequente quando se trata da literatura dos anos 1980 para cá.

O impossível de ensinar literatura começa na escolha das obras que não estejam listadas em algum elenco pré-conceitual, passa pelo rastreamento prévio — feito pelo professor, de preferência, quando não há pedagogos que o façam antes do professor de literatura — de temas e pela limpeza absoluta em termos do "linguajar", chegando à proposição do óbvio indubitável, quando se dá a sorte de ainda haver projeto de leitura na escola.

Se o livro passar pelo *checklist*, ele poderá ser enviado como pedido aos pais ou ao setor de compras — com a sorte de não encontrar leitores muito patrulheiros que ainda encontrem grandes escândalos escondidos nas entrelinhas. Afinal, uma Lucíola pode ser muito prejudicial à formação das meninas, mesmo se for ficcional.

Da linguagem, de que pouco se sabe além das famosas regras, vão dizer que é inadequada ou baixa, caso se opte por algum autor que tenha usado as palavras com a devida licença poética. É preciso proteger as crianças dos livros literários, antes que elas descubram que eles são portais para o debate e a polêmica. Como escola é lugar de silêncio e concordância, é preciso estar atento. Mesmo que, a meu ver, isso não seja proteção e possa ganhar o nome de privação.

[9] Em 2019, alunas da Fundação de Ensino de Contagem (MG), com o apoio de outras instituições, como o CEFET-MG, criaram o aplicativo "Educativo Pioneiras", que, a título de preencher lacunas deixadas por livros didáticos, conta a história de mulheres pioneiras e relevantes para várias áreas do conhecimento e da história. Ver no *Estado de Minas*: https://cutt.ly/wjI92Lg.

9. Inconclusões poéticas

Minhas palavras duras não querem acertar os professores cheios de fé em seus afazeres, que investiram e investem no aprofundamento de suas formações mesmo ao custo de escolas e redes de ensino que não facilitam seus estudos.

Também não quero atacar os colegas que se alinham ao *modus operandi* possível, em um dia a dia atribulado e cheio de contas para pagar no fim do mês. É a vida de todos nós que faz nossos ânimos se arrefecerem.

Minhas palavras duras vão bater contra as paredes. Talvez não se quebrem, porque podem, espertamente, se amortecer na hora do baque. Mas terão sido escritas, o que é um grande perigo para todos nós, envolvidos na educação de um país capaz de distrair leitores de suas leituras mais exigentes em troca de garantir concordância e ignorância por muitas gerações.

Minha sala de aula ideal não teria paredes, nem pessoas de costas umas para as outras e muito menos passaria por ela o medo das palavras. Qualquer aproximação com isso terá sido mero delírio meu, coletivo, quem sabe? Como pergunta María Teresa Andruetto (2012, p. 134), a partir de que lugar preservaremos a literatura do "avanço mercantil e da claudicação humana"? Suspeito que as respostas ainda nos faltem, em especial para a questão de nossa própria "claudicação" (um eufemismo, penso). "A experiência da leitura (como a da escrita) é um dos últimos redutos de liberdade que o homem tem", afirma Andruetto (2012, p. 135), a despeito do que vimos ocorrer no Brasil, que ainda se debate contra/com a formação de leitores — e escritores, em especial as escritoras — livres.

Referências

ANDRUETTO, María Teresa. *Por uma literatura sem adjetivos*. Trad.: Carmem Cacciacarro. São Paulo: Pulo do Gato, 2012.

BRAGON, Rayder. Pais denunciam dirigente por dar poema erótico a alunos de escola de MG. In: *UOL*, 5 mai. 2015. Disponível em: https://cutt.ly/RjmT6zn.

CÂMARA MINEIRA DO LIVRO. *Literatura na Escola*: uma entrevista com Ana Elisa Ribeiro. 6 mai. 2015. Disponível em: https://bit.ly/3DiHN8J.

DOL. Poema erótico pode levar à demissão de funcionária. In: *Diário OnLine*. 5 mai. 2015. Disponível em: https://cutt.ly/0jI93Yh.

DOMINGUES, Rachel Bertol; VIEIRA, Itala M. Antologias, prêmios e eventos literários: mecanismos de acesso ao livro no mercado editorial brasileiro (esboço de um mapeamento). In: *Anais do XXXVII Congresso Brasileiro de Ciências da Comunicação*, Foz do Iguaçu, 2 a 5 set. 2014. Disponível em: https://bit.ly/2WsNq3E.

GARCIA, Daniela. Escola entrega poema erótico para crianças de 10 anos em Santa Luzia. In: *Portal G1*, 5 mai. 2015. Disponível em: https://cutt.ly/5jI94tK.

KLEIMAN, Angela B. (org.) *Os significados do letramento*: uma nova perspectiva sobre a prática social da escrita. Campinas: Mercado de Letras, 1995 (Coleção Letramento, Educação e Sociedade).

MARCOLINO, Rômulo N. O dia em que a UFV cedeu às Trevas ao censurar o livro de Dalton Trevisan. In: *Ecos da Periferia*, 7 set. 2012. Disponível em: https://cutt.ly/VjI97wk.

PENNAC, Daniel. *Como um romance*. Tradução de Leny Werneck. Rio de Janeiro: Rocco, 1997.

R7. Professora usa poema erótico em prova para alunos de 10 anos. In: *Portal R7*, 6 mai. 2015. Disponível em: https://cutt.ly/djI95Rl.

RIBEIRO, Ana Elisa. Polemicazinha básica. In: *PublishNews*, 6 mai. 2015. Disponível em: https://cutt.ly/PjI96WI.

RIBEIRO, Ana Elisa. Redes de edição e redes sociais: cruzamentos e questões. In: *Em tese*, v. 20, n. 3, set./dez. 2014, p. 163-179.

VEJA. Cerca de 400 endossam repúdio a veto de Dalton Trevisan. In: *Veja*, 6 set. 2012. Disponível em: https://cutt.ly/EjI3qgZ.

Infância e literatura nas urdiduras de palavras e imagens

Patrícia Corsino

O eco
O menino pergunta ao eco
onde é que ele se esconde.
Mas o eco só responde: "Onde? Onde?"
O menino também lhe pede:
"Eco vem passear comigo?"
Mas não sabe se o eco é amigo
ou inimigo.
Pois ele só ouve dizer:
"Migo."
Cecília Meireles

Cecília Meireles, uma das primeiras autoras brasileiras a escrever para crianças, traz no poema a singeleza da brincadeira com o eco. É no jogo de perguntas e respostas que o poema fala à criança presente em todos nós. Cito esse poema como metáfora para dar início às indagações sobre a relação entre infância e literatura, por entender que é justamente neste jogo lúdico-simbólico que elas ecoam uma na outra. Um jogo em que a palavra tem franjas, se abre às várias leituras pelas quais as crianças se deixam levar nos intervalos abertos. Na literatura infantil, as ilustrações se inserem nesse jogo e, no interdiscurso entre palavras, traços e cores, se abrem mais franjas, ampliando a margem de significação da obra.

Este texto parte das seguintes indagações: o que a infância e a literatura têm a ver uma com a outra? Como infância e literatura se relacionam? O que as crianças fazem com a literatura e vice-versa?

O objetivo não é responder a todas essas perguntas na íntegra, mas deixá-las ecoar e abrir mais questões para pensar a leitura literária na escola. O capítulo está organizado em três momentos: no primeiro, apresentamos questões que dizem respeito à literatura como direito; em seguida, discutimos a articulação entre infância e literatura; por fim, tecemos algumas considerações finais.

1. Literatura como direito: o que pode a escola?

Como ponto de partida, tomamos a definição ampliada de literatura de Antonio Candido, já bastante citada ao longo dos seus mais de trinta anos de enunciação, mas que apresenta argumentos bastante apropriados para levar-nos a entender a literatura de um lugar constituinte e instituinte:

> Chamarei de literatura, da maneira mais ampla possível, todas as criações de toque poético, ficcional ou dramático em todos os níveis de uma sociedade, em todos os tipos de cultura, desde o que chamamos folclore, lenda, chiste, até as formas mais complexas e difíceis da produção escrita das grandes civilizações.
> Vista deste modo, a literatura aparece claramente como manifestação universal de todos os homens em todos os tempos. Não há homem que possa viver sem ela, isto é, sem a possibilidade de entrar em contato com alguma espécie de fabulação (...).
> Ora, se ninguém pode passar vinte e quatro horas sem mergulhar no universo da ficção e da poesia, a literatura concebida no sentido amplo a que me referi parece corresponder a uma necessidade universal, que precisa ser satisfeita e cuja satisfação constitui um direito.

O primeiro argumento do autor diz respeito ao que é literatura: "(...) todas as criações de toque poético, ficcional ou dramático". A expansão do conceito traz algo muito caro às culturas de tradição oral e às infâncias, porque inclui toda literatura oral com os jogos de linguagem — como parlendas, trava-línguas, brincos, cantigas de ninar, cantigas de roda, cantos de trabalho, contos orais, trovas, dramatizações, entre outros — bem como a perfomance da palavra falada e ouvida, simultânea e coletivamente, do corpo que vive a linguagem e que é também instância de simbolização, relação e afeto (Zumthor, 2010). A expansão do conceito inclui ainda os espetáculos, as obras híbridas, multimodais e multissensoriais — como a literatura digital, que pode apresentar, ao mesmo tempo, texto, imagens, sons e possibilidade de interação do leitor (Correro, 2014, s.p.) — e diferentes manifestações artísticas contemporâneas que usam a palavra entre imagens, movimentos e sons.

A literatura, entendida em sua dimensão de fabulação, extrapolação do real e possibilidade de entrada no universo ficcional, é uma manifestação universal que nos é absolutamente cara, assim, não podemos passar pela vida sem ela. Como necessidade de todos, Candido a concebe como um bem incompressível, aquilo que assegura a sobrevivência e garante a integridade física e espiritual das pessoas, na ordem dos Direitos Humanos. Na continuidade da citação, o autor argumenta que os bens incompressíveis são fixados, em cada época, por critérios próprios de uma sociedade; os Direitos Humanos, por sua vez, têm um pressuposto básico: o que é indispensável para nós o é também para o outro.

Numa sociedade desigual, como a que vivemos, quais seriam os bens considerados incompressíveis? A literatura estaria no rol dos direitos de todos? Perguntas complexas diante de um projeto político de sociedade contraditório e excludente em que os contextos são ora mais, ora menos favoráveis à democratização do acesso de todos às culturas. As garantias dos direitos sociais exigem recursos e decisões políticas. A literatura, assim como outras manifestações artístico-culturais, além de ter pouco espaço nas agendas políticas, é alvo de restrições, controle e até mesmo censura.

Continuando com os argumentos de Candido, além de atender a nossa necessidade de ficção e fantasia, a literatura é formativa, pois nos afeta de maneira complexa, nos faz pensar em nós mesmos e nos outros e tem "potencial de oferecer ao leitor um conhecimento profundo do mundo, tal como faz, por outro caminho, a ciência" (Candido,

2011, p. 183). A literatura se opõe, assim, à palavra meramente informativa ou à que intenta mudar comportamentos ou moralizar. Como discutiremos mais à frente, a literatura é lugar de abertura e liberdade.

Sendo a educação outro direito de todos, a escola tem sido, ao longo da história, uma importante agência de acesso à leitura e à literatura. Há uma forte e complexa relação entre a literatura, em especial a infantil, e a escola (Zilberman, 2003; Lajolo, 1993). Nossas pesquisas têm evidenciado que as travessias da literatura na escola [Corsino (org.), 2014], desde as creches, não têm sido nada simples, já que a relação da escola com a arte, com a fruição, com o que não é produtivo nem domesticável é complexa e até mesmo, em alguns casos, antagônica.

Tal qual Masschelein e Simons (2017), defendemos a escola no seu sentido original de *skholé*, justamente por uma de suas características radicais e essenciais que muito tem a ver com a literatura como direito:

> [A] escola oferece "tempo livre" e transforma o "conhecimento" e as "habilidades" em "bens comuns", e, portanto, tem o potencial para dar a todos, independentemente de antecedentes, talento natural ou aptidão, o tempo e o espaço para saírem de seu ambiente conhecido, para se superarem e renovarem (e, portanto, mudarem de forma imprevisível) o mundo (p. 10).

Para os autores, a escola tem como característica básica a suspensão da ordem social naturalizada, econômica e familiar, dando com igualdade aos participantes tempo livre do mundo produtivo do trabalho para o estudo. Lugar onde o mundo se torna público, onde é possível um novo começo, uma renovação. Tempo e espaço do entre uma margem e outra, ou seja, da terceira margem — que é o próprio rio e o processo da travessia. Lugar de experiência, criação e suspensão também do eu para a atenção e o interesse nas coisas, como algo que nos faz pensar e nos altera.

Entretanto, asseveram os autores, devido a essas qualidades democrática, pública e de renovação, observa-se, na história da escola, uma história de "repressão; uma série de estratégias e táticas para dispersá-la, reprimi-la, coagi-la, neutralizá-la ou controlá-la" (Masschelein; Simons, 2017, p. 106). O seu sentido original se dispersa em diferentes táticas, que fazem da escola uma instituição servil à ordem vigente, à lógica de competências para a produtividade, à submissão ao sentido único, ao mito do esclarecimento (Adorno; Horkheimer, 1985), entre outros. Dessa forma, a defesa da escola, enquanto projeto de democratização de fato, passa pela reinvenção e ressignificação desse tempo-espaço e do resgate do seu sentido original de *skholé* — tempo livre. Uma escola onde a aposta na literatura e nas artes em geral (música, dança, teatro, cinema, artes visuais) é caminho possível e plural para outros modos de ver e estar no mundo, de questionar o instituído, de alterar e alterar-se. Aposta na estética que, como Bakhtin (2003, xxxii) nos ensina, se articula à ética e à política, porque se relaciona à própria vida social: "O poeta deve compreender que a sua poesia tem culpa pela prosa trivial da vida, e é bom que o homem da vida saiba que a sua falta de exigência e a sua falta de seriedade das suas questões vitais respondem pela esterilidade da arte". A escola tem de apostar nas crianças e no seu potencial de inventividade, transgressão, desvio, assombro, na sua enorme potência criativa e na possibilidade de ver o mundo sempre de forma inaugural.

A defesa da literatura como direito, conforme tecemos com Candido, está inserida numa teia de apostas: na literatura como criação artística; na escola como espaço público e democrático de acesso à literatura; nos professores e nas crianças como sujeitos que pensam o mundo, se afetam, criam e transformam nas suas leituras literárias. Uma teia com muitos nós a serem desatados e com outros tantos que vão se atando ao longo das histórias individuais e coletivas. A escola tem importante participação na garantia do direito à literatura, uma vez que seu tempo de suspensão pode ser dado também à fruição, à reflexão, à experiência, à formação, e seu espaço pode acolher a literatura no sentido ampliado de Candido, respeitando as diferenças de manifestações, registros, gêneros e estilos.

Nesse processo democrático, cabe à escola a oferta de obras consideradas de qualidade. Embora essa adjetivação da literatura seja sempre polêmica, pois envolve julgamento de valor, consideramos como qualidade da/na literatura infantil tanto a complexidade das relações interdiscursivas que se estabelecem entre as três artes que compõem a obra: a arte da palavra, as artes visuais e a arte do *design* gráfico-editorial. Isso implica a simplicidade das linguagens, o que não significa simplificação ou banalização; o ritmo dado pela concisão e dialogia dos discursos verbal e visual; a materialidade do objeto, sua estética e portabilidade; entre outros (Serra, 2015).

O tempo da leitura literária como experiência, por sua vez, envolve colocar o eu também em suspensão, isto é, "sair constantemente de si mesmo ou transcender a si mesmo — ir além de seu próprio mundo da vida por meio da prática e do estudo" (Masschelein; Simons, 2017, p. 49). Movimento extrovertido que, ao colocar o eu entre parênteses, desorganiza e permite que aconteçam trans/formações. Para isso, é preciso um estado de distensão, de se deixar afetar, de dar tempo para a experiência, já que, como Benjamin (1993, p. 204) alerta, "o tédio é o pássaro do sonho que choca os ovos da experiência. O menor sussurro nas folhagens o assusta". A experiência, na perspectiva benjaminiana, é algo do vivido que nos afeta, permanece, remete à memória e pode vir à tona pela narrativa. À medida que o vivido é narrado, ele se ressignifica e ganha uma temporalidade não linear, tanto para o narrador quanto para o ouvinte. O direito à literatura implica também esse tempo tão raro no mundo contemporâneo, onde a "narrativa está em extinção" (*idem, ibidem*).

Mas as crianças são desordeiras, transgridem, se deixam levar pela brincadeira e pelo jogo simbólico, espaços da imaginação e criação próprios da literatura. Nesse sentido, passaremos a seguir à discussão sobre a relação entre infância e literatura.

2. Infância e literatura

> A arte é o social em nós. Mesmo que o seu efeito se registre em um indivíduo à parte, isso não nos autoriza a afirmar que as raízes e a es-

> sência da arte sejam individuais, assim como seria ingênuo imaginar o social apenas como coletivo (Bezerra, 2001, p. xii).

Este pressuposto da teoria de Vygotsky sobre a arte, um dos pontos de convergência com a teoria de Bakhtin, apresenta a complexa relação entre o eu e o outro, sujeito e meio. Conforme postula a teoria marxista, a cultura, como ação do homem sobre a natureza, torna-se parte do próprio homem num processo de dupla transformação: ao transformar a natureza para criar seu próprio meio, ele se transforma a si mesmo. Logo, o social está em nós e vice-versa. O homem cria aquilo que o constitui, criando a própria condição humana. Assim, a dimensão filosófica da linguagem nos confronta com a dimensão humana. As raízes da arte estão nesse amálgama constituinte e instituinte. Bakhtin (2003, p. 348) acrescenta: "A única forma adequada de expressão verbal da autêntica vida do homem é o diálogo inconcluso. A vida é dialógica por natureza. Viver significa, então, participar do diálogo, interrogar, ouvir, responder, concordar etc." A expressão humana, que inclui o verbal, o extraverbal, a arte em todas as suas manifestações nos coloca nesta dialogia fundante do nosso ser e estar no mundo.

Assim é que o bebê nasce com um repertório biológico complexo, com alto grau de organização perceptiva e expressiva, com capacidade de reconhecer e responder ao outro, possibilitando-lhe estabelecer e maximizar um intercâmbio com o outro social. O bebê responde, desde cedo, às ações e palavras do outro, com sorrisos, acenos, movimentos, sons; com o próprio corpo, dialogicamente experiencia o mundo, numa contínua relação com o outro que exige ainda uma constante negociação de significados, produção de sentido e vivência da alteridade. Analisando interações entre adultos e bebês, em diferentes culturas, observa-se que narrativas, canções, brincadeiras com palavras e toques não apenas participam, mas também potencializam as interações. Para Lopes (2016), desde bebês, nós precisamos de experiências narrativas iniciais, tanto aquelas que organizam a vida cotidiana, quanto as narrações e jogos poéticos que compõem os contos, as cantigas de ninar, as parlendas, entre outros, alimentando o território da ficção.

Essa urdidura de palavras sustenta a tessitura da própria experiência humana. "A linguagem ensina a própria definição de homem", afirma Agamben (2005, p. 60), que se constitui em círculo: "[I]nfância e linguagem parecem remeter uma à outra em um círculo no qual a infância é a origem da linguagem e a linguagem a origem da infância" (p. 59). Círculo constantemente renovado, revisitado, ampliado numa relação recíproca. Se, por um lado, quando a criança chega ao mundo, ela precisa se apropriar da palavra; por outro, cada vez que lhe contam histórias, poemas, canções, as palavras se renovam, pois, cada vez para a criança é inaugural.

A criança, desde o lugar de recém-chegada (Arendt, 1997), se coloca como aquela que vê o mundo pela "primeira vez". Tudo lhe é novo, imprevisível e, por isso, há lugar para o assombro, o inusitado, o risco de agir, a subversão. Essa postura diante do mundo aproxima a criança do artista. Ou seria o inverso? Talvez a inversão seja o que permite a permanência da infância em nós e, com isso, a potência inicial da ação criadora e inventiva, como afirma Castro (2013, p. 31-32):

> A primeira vez pode ser toda vez, quando nos assombramos perante a incomensurabilidade entre o que foi antes e o que é agora. Por isso, a primeira vez, como um modo de ser que a infância evoca ao logo da vida, inclui esse assombro permanente perante o que vai vir, assombro que não se cura diante de uma aparente concatenação da história. (...) A primeira vez marca a condição daqueles que olham para a realidade com muito mais assombro do que certezas.

É justamente nesse [e desse] assombro que a literatura participa da vida, tornando-se fundamental para nós. Ela apresenta o mundo com suas formas próprias e com a possibilidade de ver e nos dar a ver. A literatura organiza o caos da existência humana, ainda que temporariamente e no desvio:

> Ao criar um mundo próprio, a literatura reage ao mundo fora do texto, desviando-se dele, revogando suas leis naturais, revertendo e revisando seus postulados, suas crenças. (...) O discurso literário só avança na contramão e é desse modo que consegue tornar audíveis as mais diferentes vozes, estabelecer diálogos diversos e inusitados, acolher o próximo e o distante, o estranho e o familiar. Se o faz é porque oferece mitos e contramitos, capazes de abalar o que acreditamos ser inquestionável, o que supúnhamos sentir e pensar. É por ser múltipla que a literatura oferece um espaço de liberdade (Cademartori, 2009, p. 50).

Nesse movimento de espaço de liberdade, a presença da literatura na infância amplia nas crianças as possibilidades de ver, sentir e pensar em si próprias, no outro e no mundo. Na interlocução com muitas vozes, a criança se perde, se acha e tem muitas oportunidades de experimentar sensações, sentimentos e de viver outras vidas, se interrogar.

Italo Calvino, no final do século passado, escreveu o ensaio "Seis propostas para o próximo milênio", onde avança o argumento de que "há coisas que só a literatura com seus meios específicos nos pode dar" (Calvino, 1990, p. 11). Ele discorre sobre as seguintes características da literatura: leveza, exatidão, visibilidade, multiplicidade, rapidez e consistência[1]. A leveza é a forma como o poeta sobreleva o peso do mundo. Ela é dada pela palavra lapidada, capaz de expor as feridas, as perdas, as tristezas, de maneira a torná-las leves pelo voo libertador. A exatidão está nas escolhas da palavra exata, concisa, que provoca e desloca com seu poder organizador. A visibilidade está na capacidade de a literatura evocar imagens, fazer imaginar, dar a ver o que existe e o que não existe, o conhecido e o desconhecido. A multiplicidade se apresenta nos mistérios revelados na literatura, na possibilidade de ser um e muitos e também de nos ver nos inacabamentos. A rapidez diz respeito ao tempo narrativo, tempo de espera do que sucederá, tempo do discorrer, da velocidade que se

[1] Essa última característica não foi concluída. O livro apresenta as outras cinco propostas, aqui abordadas de forma muito reduzida, como um extrato.

impõe ao pensamento, provocada pela concisão de gêneros e estilos. O tempo presente na palavra organizada não é cronológico, mas apresenta sucessão, simultaneidade e ordem.

Todas essas características nos situam no mundo, sendo fundamentais na literatura para adultos e crianças, se é que é possível delimitar tais fronteiras quando estamos diante da arte. Elas são, porém, características imprescindíveis à literatura infantil, que, além das palavras, apresenta ilustrações. Texto verbal e visual se articulam e partilham essas características, sem subestimar o leitor e sua capacidade interdiscursiva e de produção de sentido, ambos dizem com leveza, exatidão, visibilidade, multiplicidade, rapidez e consistência. A experiência estética, conforme Bakhtin (2003), acontece nas interações, na relação em que um eu é levado a perceber a si próprio na categoria do outro. Neste sentido, a literatura articula ética e estética, alteridade e vivência social.

Contudo, se há muitas aproximações na relação entre infância e literatura, também há distanciamentos. Tanto "infância" quanto "literatura" são conceitos produzidos historicamente e marcados por diferentes concepções. Como a história não é linear, as concepções se sobrepõem, deixam resquícios nas obras e nas formas de o adulto ler para a criança (inicialmente, leitor ouvinte).

Voloshinov (2013) sustenta: a forma de um enunciado artístico é a expressão direta de avaliações sociais. Julgamentos de valor determinam a seleção de palavras do autor e a recepção dessa seleção pelo ouvinte/leitor. Para o autor do círculo bakhtiniano, cada expressão selecionada é um ato avaliativo orientado em duas direções: em direção do ouvinte e em direção do herói (de quem ou de que se fala). Ouvinte e herói são participantes do evento criativo, o qual não deixa de ser um evento de comunicação viva envolvendo todos os três (o autor, o herói e o leitor presumido). Este pressuposto revela a presença dos valores do autor sobre o que ele intenta dizer e sobre o leitor presumido da obra, que, quando entendido como público-alvo, ressalta Voloshinov, perde o valor artístico. Nessa via, entram em cena na obra suas concepções e intenções. Na literatura infantil, um adulto conduz o texto para o leitor infantil presumido, ou seja, o texto se dirige à criança que está no autor, muito provavelmente a que permanece e se atualiza nele em suas enunciações e reflexões.

Cabe destacar que a literatura infantil surge com a função de educar, instruir, moralizar a criança, que se distingue do adulto pela falta, pela incompletude, por aquilo que ela ainda não é, não faz nem sabe. Com a Modernidade, se constrói uma perspectiva linear de desenvolvimento humano, próxima e derivada da noção biológica de evolução: transformação nas formas de se comportar e pensar, ao longo de um tempo cronológico linear e cumulativo, em que o adulto é o ponto de chegada. Mais recentemente, vem sendo reivindicado um deslocamento na forma de pensar a infância pelos estudos contemporâneos, especialmente os da sociologia da infância, cuja noção de competência concebe uma nova posição da criança no mundo, que se caracterizaria pela capacidade de "coconstrução da própria infância como também da sociedade. Este paradigma da competência faz das crianças agentes sociais plenos, cujo agir modifica as estruturas sociais em que se encontram, dando-lhes outros sentidos" (Castro, 2013, p. 18). Nesse deslocamento da forma de pensar as crianças e suas infâncias, a literatura infantil passa a ser ponderada como possibilidade de provocar, ousar, experimentar novos caminhos e de ampliar os referenciais do mundo dessa criança competente.

Há, ainda, questões relativas às diferenças entre o livro infantil e o livro de literatura infantil. Paulino (2000) apresenta três propostas básicas de ações interlocutórias das narrativas para crianças com elementos para distinguir:

(i) a proposta pragmática, que intenta a mudança de comportamento nos leitores, na qual a narrativa é conduzida de forma a interferir em suas vidas;
(ii) a proposta ficcional, que visa agenciar o imaginário dos leitores;
(iii) a proposta informativa, que envolve intelectualmente os leitores no acesso aos conhecimentos científicos, sociais e de outras naturezas.

A voz que conduz o texto para o leitor infantil presumido acaba muitas vezes não tendo muita convicção do que é literatura, de quem são as crianças e do objetivo da sua proposta interlocutória. Assim, é muito comum a presença de livros que se propõem a ser literatura, mas que são informativos ou de autoajuda. Por sua vez, o adulto que escolhe e conduz a leitura interpreta com seu corpo e voz e propõe perguntas ou tarefas posteriores que sinalizam seus objetivos e concepções. Portanto, na relação entre literatura e infância, cabe sempre a indagação: o que chega às crianças e como chega?

Muitas são as metáforas atribuídas à leitura literária: semente, sêmen, disseminação, alimento, instrução, salvação, remédio, perigo, loucura, veneno, entre outros. Cada um destes termos guarda conceitos e preconceitos, construídos ao longo da História e das histórias pessoais, quanto aos efeitos da leitura no leitor. Na relação entre literatura e infância, vale refletir sobre eles. Como pensamos a leitura literária na escola, desde a creche? Quais são os ecos que nos respondem? O que ecoa em cada um de nós?

3. Considerações finais: a literatura em risco nas escolas?

O menino azul
O menino quer um burrinho
para passear.
Um burrinho manso,
que não corra nem pule,
mas que saiba conversar.
O menino quer um burrinho
que saiba dizer
o nome dos rios,
das montanhas, das flores,
— de tudo o que aparecer.
O menino quer um burrinho
que saiba inventar
histórias bonitas
com pessoas e bichos
e com barquinho no mar.
(...)
Cecília Meireles

Onde encontrar esse burrinho que o menino quer? Tentamos responder ao longo deste capítulo, que teve como objetivo discutir a relação entre literatura e infância. A escola esteve presente nas linhas e entrelinhas, assim como o lugar do adulto que escolhe o que, como e quando ler para as crianças. Escola que, com suas qualidades democrática, pública e de renovação, pode ser lugar de acesso à literatura por parte das crianças e dos jovens que ali estão todos os dias, obrigatoriamente, durante 13 anos de suas vidas, dos 4 aos 17 anos. Garantir o direito à literatura na escola significa ter livros de literatura de qualidade, tempo e espaço para a leitura literária e um professor capaz de pensar a leitura literária com e para as crianças.

Concluímos este capítulo com uma preocupação que diz respeito às políticas públicas atuais que põem em risco o direito à literatura, seja na escolha e distribuição de obras literárias, seja nas leituras e propostas pedagógicas com a leitura literária nas escolas públicas brasileiras.

Houve um contexto político favorável, em 2006, para a instituição do Plano Nacional do Livro e Leitura (PNLL) pela Portaria Interministerial nº 1.442 . O Ministério da Educação e o da Cultura estabeleceram, neste Plano, diretrizes para uma política pública voltada à leitura e ao livro no Brasil — e, em particular, à biblioteca e à formação de mediadores —, com a meta de

> conferir ao Plano a dimensão de uma Política de Estado, de natureza abrangente, que pudesse nortear, de forma orgânica, políticas, programas, projetos e ações continuadas desenvolvidos no âmbito dos dois ministérios, governos estaduais e municipais, empresas públicas e privadas, organizações da sociedade e, em especial, todos os setores interessados no tema (PNLL, 2006, s/p).

Em que pese a falta de recursos destinados às ações do PNLL, nos seus quatro eixos — democratização do acesso; fomento à leitura e à formação de mediadores; valorização institucional da leitura e incremento de seu valor simbólico; desenvolvimento da economia do livro —, os pressupostos do Plano se baseiam na proposta de

Candido sobre o direito à literatura. Entretanto, nos últimos anos, várias ações desenvolvidas no âmbito do PNLL foram desarticuladas e/ou desmontadas. Isso fica evidente, por exemplo, no fechamento dos *pontos de cultura*, nos editais do PNLD, lançados a partir de 2016, e na Política Nacional de Alfabetização (Decreto nº 9.765, de 11/04/2019), que apresentam uma visão destoante do PNLL sobre a literatura infantil e sua função na escola. Vale destacar, a alteração do processo de seleção de obras literárias que antes era de responsabilidade das universidades, cujos livros selecionados por especialistas seguiam critérios rigorosos relativos a qualidade do texto, adequação temática e projeto gráfico-editorial. Professores e crianças das escolas públicas brasileiras, ao longo do período de vigência do Programa Nacional de Biblioteca na Escola- PNBE, tiveram a oportunidade de conhecer obras diversas, fora do padrão e de seu universo de referência, ampliando sua formação literária.

Em 2017, o Plano Nacional do Livro e do Material Didático-PNLD passou a incorporar a seleção de livros de literatura. Já no Edital do PNLD-2018-Literatura, referente à distribuição de livros literários para a educação infantil e anos iniciais do ensino fundamental, observa-se: restrição das obras a temáticas por faixa etária; imposição de formato, tipo de papel e gramatura preestabelecidos; elaboração de manuais/fichas de uso dos livros. Vale destacar a baixa qualidade do papel e as restrições impostas ao projeto gráfico, que passa a ser diferente em relação às obras disponíveis no mercado. Todo o edital cerceia a produção, suprime a liberdade de escolha de autores e editores, exigindo adaptações constrangedoras e, sobretudo, subtrai do aluno a possibilidade de ter em mãos obras de qualidade, como aquelas disponíveis nas livrarias. As fichas de leitura coroam uma visão de professor que precisa ser tutelado. Ressaltamos, ainda, que todas estas restrições se ampliaram após a PNA, cujos programas e editais destituem a literatura de seu lugar de arte a submetendo à alfabetização. Torna-se visível o quanto os contextos interferem nas políticas e vice-versa.

Nossas questões e preocupações são muitas, pois, apesar do longo caminho de pesquisa sobre a formação de leitores literários e sobre a literatura infantil, as políticas parecem desconsiderá-lo. "O eco só responde migo", mas nós sabemos se o eco é amigo ou inimigo porque tudo indica que, nos próximos anos, o menino terá poucas chances de ter o seu burrinho.

REFERÊNCIAS

ADORNO, T; HORKHEIMER, M. *Dialética do esclarecimento.* Rio de Janeiro: Jorge Zahar, 1985.

ARENDT, H. *Entre o passado e o futuro.* 4. ed. São Paulo: Editora Perspectiva, 1997.

BAKHTIN, M. Arte e responsabilidade. In: *Estética da criação verbal.* São Paulo: Martins Fontes, 2003.

BEZERRA, Paulo. Prefácio à edição brasileira. In: VYGOTSKY, Lev. *Psicologia da arte.* Trad.: Paulo Bezerra. São Paulo: Martins Fontes, 2003.

CADEMARTORI, L. *O professor e a literatura:* para pequenos, médios e grandes. Conversas com o professor. Belo Horizonte: Autêntica, 2009.

CALVINO, I. *Seis propostas para o próximo milênio.* São Paulo: Companhia das Letras, 1990.

CANDIDO, A. O direito à literatura. In: *Vários escritos.* Rio de Janeiro: Ouro Sobre Azul, 2011.

CASTRO, L. R. *O futuro da infância e outros escritos.* Rio de Janeiro: Faperj/7 Letras, 2013.

CORSINO, P. (org.). *Travessias da literatura na escola.* Rio de Janeiro: Faperj/7Letras, 2014.

CORSINO, P. Infância e literatura: entre conceitos, palavras e imagens. In: *Revista Teias,* v.16, n. 40, Rio de Janeiro, Proped-UERJ, 2015.

CORSINO, P. Infância, linguagem e literatura: reflexões para a educação infantil. In: NOGUEIRA, A. L. H.; LAPLANE, A. L. F. de (org.). *Leitores e leituras: explorando as dobras do (im)possível.* Campinas: leitura crítica, 2017, p. 113-139.

LAJOLO, M. *Do mundo da leitura para a leitura do mundo.* São Paulo: Ática, 1993.

MASSCHELEIN, J.; SIMONS, M. *Em defesa da escola:* uma questão pública. 2. reimpr. Belo Horizonte: Autêntica, 2017.

MEIRELES, C. *Ou isto ou aquilo.* São Paulo: Editora Global, 2012.

PAULINO, G. Diversidade de narrativa. In: PAIVA *et al.* (org.). *No fim do século: a diversidade.* Belo Horizonte: Autêntica, 2000, p. 39-48.

PINO, A. *As marcas do humano:* às origens da constituição cultural da criança na perspectiva de Lev S. Vigotski. São Paulo: Cortez, 2005.

REYES, Y. *La poética de la infância.* Bogotá: Luna livros, 2016.

SERRA, M. B. *Livros de literatura para bebês e crianças pequenas*: concepções de autores e editores brasileiros premiados. 112f. Dissertação (Mestrado) — Faculdade de Educação, Universidade Federal do Rio de Janeiro, Rio de Janeiro, 2015.

VYGOTSKY, L. S. *A construção do pensamento e da linguagem.* Tradução de Paulo Bezerra. São Paulo: Martins Fontes, 2001.

VYGOTSKY, L. S. *Imaginação e criação na infância.* Tradução de Zoia Prestes, comentários de Ana Luiza Smolka. São Paulo: Ática, 2009

VOLOSHINOV, V. Palavra na vida e palavra na poesia: introdução ao problema da poética sociológica. In: *A construção da enunciação e outros ensaios.* São Carlos: Pedro & João, [1923] 2013.

ZILBERMAN, R. *A literatura infantil na escola.* São Paulo: Global, 11. ed. revista e atualizada, 2003.

ZUMTHOR, P. *Introdução à poesia oral.* Belo Horizonte: Editora UFMG, 2010.

Sobre as autoras

Ana Elisa Ribeiro

Professora Titular do Departamento de Linguagem e Tecnologia do Centro Federal de Educação Tecnológica de Minas Gerais (CEFET-MG), onde também atua no Programa de Pós-Graduação em Estudos de Linguagens (Posling) e no ensino médio. Doutora em Estudos Linguísticos pela Universidade Federal de Minas Gerais (UFMG), com estágio pós-doutoral em Estudos Literários pela mesma universidade, no Acervo de Escritores Mineiros. Escritora, autora de obras em poesia e prosa. Coordenadora do grupo de pesquisa Mulheres na Edição. E-mail: anadigital@gmail.com.

Ester Calland de Sousa Rosa

Professora do Departamento de Psicologia e Orientação Educacionais do Centro de Educação da Universidade Federal de Pernambuco e membro do Centro de Estudos em Educação e Linguagem. Doutora em Psicologia pela Universidade de São Paulo (USP), com estágio doutoral na Universidade de Londres. Membro do grupo de pesquisa Práticas de Leitura e Escrita na Educação Infantil. Foi coordenadora estadual do Pacto Nacional pela Alfabetização na Idade Certa. Integra a equipe do projeto "Mediadores de Leitura na escola e na biblioteca", com atuação junto a bibliotecas escolares e comunitárias. É autora de diversas publicações dirigidas à formação de professores, incluindo livros e revistas disponíveis no www.portalceel.com.br. E-mail: esterosa2014@gmail.com.

Maria Amélia Dalvi

Professora dos cursos de licenciatura em Letras e Pedagogia e dos cursos de mestrado e doutorado em Educação e em Letras da Universidade Federal do Espírito Santo (UFES). Licenciada, mestra e doutora pela mesma universidade. Realizou o estágio pós-doutoral em Letras e Linguística junto à Universidade Federal de Goiás (UFG). É escritora (infantil e poesia) e coordena o grupo de pesquisa Literatura e Educação (www.literaturaeeducacao.ufes.br). E-mail: dalvimariaamelia@gmail.com.

Maria do Socorro Alencar Nunes Macedo

Professora Titular do Departamento de Ciências da Educação da Universidade Federal de São João del-Rei, onde atua também no Programa de Pós-Graduação em Educação. Doutora em Educação pela Universidade Federal de Minas Gerais (UFMG), com estágios pós-doutoral no King's College (2010) e Goldsmiths University of London e pela Universidade Federal de São Carlos (UFSCar/2019). Pesquisadora do CNPq na área de alfabetização, educação literária, letramento acadêmico e internacionalização da universidade. Líder do Grupo de Pesquisa em Alfabetização, Linguagem e Colonialidade (GPEALE). E-mail: socorronunes@ufsj.edu.br.

Patrícia Corsino

Mestra e doutora em Educação pela PUC-Rio, com pós-doutorado pela Università degli Studi di Pavia-Itália. Professora Associada da Faculdade de Educação e do Programa de Pós-Graduação em Educação da UFRJ. Coordenadora adjunta do Laboratório de Estudos de Linguagem, Leitura, Escrita e Educação (LEDUC). Coordenadora do Grupo de Estudos e Pesquisa em Infância, Linguagem e Educação (GEPILE). Desenvolve projetos de ensino, pesquisas e extensão nas seguintes áreas: infância e linguagem, leitura, escrita, literatura infantil e educação infantil. E-mail: corsinopat@gmail.com.

ESTRATÉGIAS de ENSINO

1. *O ensino do espanhol no Brasil*, João Sedycias [org.]
2. *Português no ensino médio e formação do professor*, Clecio Bunzen & Márcia Mendonça [orgs.]
3. *Gêneros catalisadores — letramento e formação do professor*, Inês Signorini [org.]
4. *A formação do professor de português — que língua vamos ensinar?*, Paulo Coimbra Guedes
5. *Muito além da gramática — por um ensino de línguas sem pedras no caminho*, Irandé Antunes
6. *Ensinar o brasileiro — respostas a 50 perguntas de professores de língua materna*, Celso Ferrarezi Jr.
7. *Semântica para a educação básica*, Celso Ferrarezi Jr.
8. *O professor pesquisador — introdução à pesquisa qualitativa*, Stella Maris Bortoni-Ricardo
9. *Letramento em EJA*, Maria Cecilia Mollica & Marisa Leal
10. *Língua, texto e ensino — outra escola possível*, Irandé Antunes
11. *Ensino e aprendizagem de língua inglesa — conversas com especialistas*, Diógenes Cândido de Lima [org.]
12. *Da redação à produção textual — o ensino da escrita*, Paulo Coimbra Guedes
13. *Letramentos múltiplos, escola e inclusão social*, Roxane Rojo
14. *Libras? Que língua é essa?*, Audrei Gesser
15. *Didática de línguas estrangeiras*, Pierre Martinez
16. *A palavra e a sentença — estudo introdutório*, Ronaldo de Oliveira Batista
17. *Coisas que todo professor de português precisa saber*, Luciano Amaral Oliveira
18. *Gêneros textuais & ensino*, Angela Paiva Dionisio, Anna Rachel Machado & Maria Auxiliadora Bezerra [orgs.]
19. *As cadeias do texto — construindo sentidos*, Cláudia Roncarati
20. *Produção textual na universidade*, Désirée Motta-Roth & Graciela Rabuske Hendges
21. *Análise de textos — fundamentos e práticas*, Irandé Antunes
22. *Dicionários escolares — políticas, formas & usos*, Orlene Lúcia de Sabóia Carvalho & Marcos Bagno [orgs.]
23. *Inglês em escolas públicas não funciona? Uma questão, múltiplos olhares*, Diógenes Cândido de Lima [org.]
24. *Dicionários na teoria e na prática — como e para quem são feitos*, Claudia Xatara, Cleci Regina Bevilacqua & Philippe Humblé
25. *Gêneros textuais — reflexões e ensino*, Acir Mário Karwoski, Beatriz Gaydeczka & Karim S. Brito
26. *Letramentos de reexistência — poesia, grafite, música, dança: hip-hop*, Ana Lúcia Silva Souza
27. *Pesquisar no labirinto — a tese, um desafio possível*, Francisco Perujo Serrano
28. *O território das palavras — estudo do léxico em sala de aula*, Irandé Antunes
29. *Multiletramentos na escola*, Roxane Rojo & Eduardo Moura [orgs.]
30. *Leitura e mediação pedagógica*, Stella Maris Bortoni-Ricardo et alii [org.]
31. *Numeramento — aquisição das competências matemáticas*, Michel Fayol
32. *Letramentos no ensino médio*, Ana Lúcia Silva Souza, Ana Paula Corti & Márcia Mendonça
33. *Neologia em português*, Margarita Correia & Gladis Maria de Barcellos Almeida
34. *Língua e literatura: Machado de Assis na sala de aula*, Alexandre Huady T. Guimarães & Ronaldo de Oliveira Batista
35. *O ouvinte e a surdez — sobre ensinar e aprender a libras*, Audrei Gesser
36. *Ensinar na universidade — conselhos práticos, dicas, métodos pedagógicos*, Markus Brauer
37. *Os doze trabalhos de Hércules — do oral para o escrito*, Stella Maris Bortoni-Ricardo & Veruska Ribeiro Machado [orgs.]
38. *Múltiplas linguagens para o ensino médio*, Clecio Bunzen & Márcia Mendonça [orgs.]
39. *Leitura de literatura na escola*, Maria Amélia Dalvi, Neide Luzia de Rezende & Rita Jover-Faleiros [orgs.]
40. *Escol@ conectada — os multiletramentos e as tics*, Roxane Rojo [org.]
41. *Sete erros aos quatro ventos — a variação linguística no ensino de português*, Marcos Bagno
42. *Cenas surdas: os surdos terão lugar no coração do mundo?*, Renato Dente Luz
43. *Aquisição de linguagem*, Michèlle Kail
44. *Métodos de ensino de inglês — teorias, práticas, ideologias*, Luciano Amaral Oliveira
45. *Aquisição da escrita*, Michel Fayol
46. *Pedagogia do silenciamento — a escola brasileira e o ensino de língua materna*, Celso Ferrarezi Jr.
47. *Por que a escola não ensina gramática assim?*, Stella Maris Bortoni-Ricardo et al. [orgs.]
48. *Aquisição de segunda língua*, Vera Lúcia Menezes de Oliveira e Paiva
49. *Gramática contextualizada — limpando "o pó das ideias simples"*, Irandé Antunes
50. *Língua, Linguagem, linguística — pondo os pingos nos ii*, Marcos Bagno
51. *Hipermodernidade, multiletramentos e gêneros discursivos*, Roxane Rojo & Jacqueline Barbosa
52. *Produzir textos na educação básica — o que saber, como fazer*, Celso Ferrarezi Jr. & Robson S. de Carvalho
53. *Faça a diferença — ensinar línguas estrangeiras na educação básica*, Alex Garcia da Cunha & Laura Miccoli [orgs.]
54. Coaching *instrucional — formação continuada e ensino de línguas*, Alex Garcia da Cunha
55. *Fonologia, fonética e ensino — guia introdutório*, Mikaela Roberto
56. *De alunos a leitores — o ensino da leitura na educação básica*, Celso Ferrarezi Jr. & Robson S. de Carvalho
57. *Enunciado de atividades e tarefas escolares — modos de fazer*, Denise Lino de Araújo
58. *Tiras no ensino*, Paulo Ramos
59. *O mundo na sala de aula — intertextualidade nos anos finais do ensino fundamental*, Maria Silvia Gonçalves
60. *Textualidade — noções básicas e implicações pedagógicas*, Irandé Antunes
61. *Poesia na sala de aula*, Hélder Pinheiro
62. *Ensinar a ler, aprender a avaliar — avaliação diagnóstica das habilidades de leitura*, Robson S. de Carvalho
63. *Oralidade na educação básica — o que saber, como ensinar*, Robson Santos de Carvalho & Celso Ferrarezi Jr.
64. *Vygotsky — a interação no ensino/aprendizagem de línguas*, Francisco José Quaresma de Figueiredo
65. *Intercompreensão — a chave para as línguas*, Pierre Escudé & Francisco Calvo del Olmo
66. *A alfabetização de idosos — um tema urgente no Brasil*, Kátia Abreu & Maria Carlota Rosa
67. *A função da literatura na escola — resistência, mediação e formação leitora*, Maria do Socorro A. N. Macedo [org.]
68. *A oralidade no ensino de línguas estrangeiras*, José Ricardo Dordron de Pinho [org.]
69. *A avaliação na escola — Guia de conceitos e práticas*, Robson Santos de Carvalho
70. *Aprendendo com os erros — uma perspectiva comunicativa do ensino de línguas*, Francisco José Quaresma de Figueiredo
71. *Português escrito para surdos*, Sueli Fernandes, Maria Cristina da C. Pereira & Maria Clara M. de Araújo Ribeiro [orgs.]
72. *Educação infantil — diálogos docentes no cotidiano escolar*, Cristina Bohn Citolin, Edson Carpes Camargo, Graziele Silva dos Santos & Maiquel Röhrig

Esta obra foi composta em Cambria 11/15 e Calibri 10/14
e impressa em papel Chambril Avena 80g e Ningbo Fold 250g
para a **Parábola Editorial** em agosto de 2025.

Impressão e acabamento:
Forma Certa